语长安

邵振宇 著
SHAO ZHENYU

Chang'an
Story in Stone Carvings

陕西新华出版 · 陕西人民出版社

图书在版编目（CIP）数据

石语长安 / 邵振宇著 . —西安：陕西人民出版社，2023.7

ISBN 978-7-224-14748-3

Ⅰ.①石… Ⅱ.①邵… Ⅲ.①碑林 – 研究 – 西安 Ⅳ.① K877.424

中国版本图书馆 CIP 数据核字（2022）第 212863 号

责任编辑：耿　英
封面设计：杨亚强
版式设计：蒲梦雅

石语长安

SHIYU CHANG'AN

作　　者	邵振宇
出版发行	陕西人民出版社
	（西安市北大街 147 号　邮编：710003）
印　　刷	西安市建明工贸有限责任公司
开　　本	787 毫米 ×1092 毫米　1/16
印　　张	17.5
字　　数	300 千字
版　　次	2023 年 7 月第 1 版
印　　次	2023 年 7 月第 1 次印刷
书　　号	ISBN 978-7-224-14748-3
定　　价	78.00 元

如有印装质量问题，请与本社联系调换。电话：029-87205094

前言

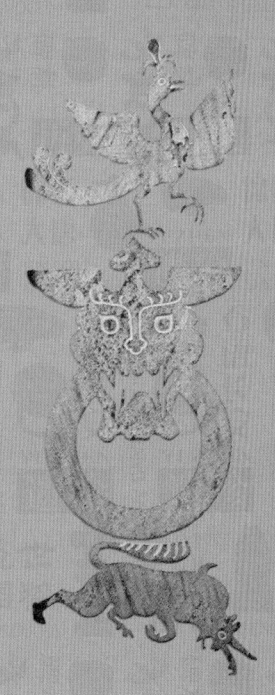

数千年前，我们刀耕火种的祖先为了能够表达思想，延续知识，从而发明了语言和文字。从那时起，人类获得了让精神永生的能力，头脑中的事物可以被记录下来，并将传播得比记录者的生命更长。

《千字文》中说："天地玄黄，宇宙洪荒。日月盈昃，辰宿列张。"岁月从宇宙的一个奇点开始，向着无限的未知永不回头地延续。而在这苍穹之中，一个暗淡的蓝点上诞生了人类的文明，并且它的缔造者希望自身的智慧能薪火永传。即便是对于自己所在的星球来说，这个文明只是瞬间，但无数的先贤都仍在努力用文字记录下历史，期待所写下的东西可以被后世知晓。所以人们寻找坚硬的东西，不惜耗费功力一点一点地雕琢，希望能够对抗自然的风侵雨蚀，于是文字被刻在石头之上。中国人常说"金石永寿"，这是对文化生生不息的美好祝愿。

中华文明孕育的无数文化里，书法艺术具有一个和其他文化显著不同的特点，就是通过文字的写法可以表达审美和感情。在信息传播已经进入载波叠加的时代，那些笔帖与墨拓的形意和捶拓击打的表现，依然无法被原真复制。文字的字意和书写的笔意叠加在一起，这就是书法的魅力。法国数学家帕斯卡曾经说："给时光以生命，而非给生命以时光。"后来刘慈欣改用为："给岁月以文明，而非给文明以岁月。"时光流逝，岁月荏苒，人都会老去，记在纸上的字会腐朽，它们所描述的故事也会消失或改变。而即使是数字化时代，石头上的文字和艺术依然是最难以改变的，古人书帖碑刻上的探索早已显示，那些圣哲所认识到的：要给历史以永恒，而非给永恒以历史。

西安碑林是举世闻名的书法与石刻艺术宝库，这里数以千计的碑刻与石雕一方面反映了中国文字与书法的演化与魅力，一方面也蕴含着西安乃至关中地区上起春秋下至明清的历史与故事。

这是一本写碑林的书，但更是一本写历史的书，品鉴碑石与墨拓，寻找青石所承载的千年长安。这本书适合到碑林参观游览的时候看，更适合游客来西安之前，或是回忆起长安的时候，闲时翻看。所以这本书没有按空间展线去写，而是按艺术品的时代轴线去写，希望和大家一起步入刻在石头上的历史。

目 录
MU LU

第一章
一城文化半城神仙
——碑林与长安

（一）叠加在城墙上的历史——盛唐皇城的变迁

长安何以成西安◆西安古城墙　　　　　　　　　/ 003
真正的《长安舆图》怎样绘制◆《长安图》残石　/ 006
迷惑摸金校尉的设计◆吕氏家族墓　　　　　　　/ 008
城砖上的密码◆"户大王守"与"前卫"　　　　　/ 010
永宁门内隐藏的国宝◆七宝台佛像　　　　　　　/ 012

（二）三学与魁星——京兆府城的文化荟萃之地

"庙学合一"催生的"三学"汇集◆三学古街　　　/ 015
魁星踢斗独占鳌头◆《魁星点斗图》　　　　　　/ 018
鳌头到底什么样◆《五星二十八宿神形图》　　　/ 021
唐代在哪发金榜◆贡院故址　　　　　　　　　　/ 022
朝为田舍郎，暮登天子堂◆国子监故址　　　　　/ 023
学校的产业◆《京兆府学赡学舍地清册》　　　　/ 025

（三）碑林与孔庙——搬迁文化和艺术

博物馆本身就是文物◆孔庙古建　　　　　　　　/ 028
这里曾经是太庙◆太庙故址　　　　　　　　　　/ 031
其实孔庙唐代才有◆《孔子庙堂碑》　　　　　　/ 032

石经初迁在何时 ◆《重修文宣王庙记》	/ 035
宋代陕西叫什么 ◆《永兴军新修文宣王庙大门记》	/ 038
碑林最初如何布局 ◆《京兆府府学新移石经记》	/ 040
金代也靠儒学治天下 ◆《京兆府重修府学记》	/ 042
元代孔子的地位 ◆《重立文庙诸碑记》	/ 043
明代开始称碑林 ◆《重修西安府儒学文庙记》	/ 045
清朝的严格管理 ◆《别驾韩公考证位次碑》	/ 046
碑林的"碑"字该怎么写 ◆《碑林》牌匾	/ 047
秦王铜狮守护的石刻展厅 ◆ 嘉靖三十八年铜狮	/ 050

（四）关中学风——报国和做人的原则

为天地立心，为生民立命 ◆ 张载的《东铭》《西铭》	/ 052
养天地正气 ◆ 榜书《天地正气》	/ 054
陕西的教育方针 ◆《谕陕西官师诸生檄》	/ 055
书院的格局 ◆ 关中书院	/ 057
古代的学生守则 ◆《京兆府小学规》	/ 059

（五）石上刻文史——十三朝的风致

秦中自古帝王州 ◆《关中八景》	/ 061
华山论剑与太白论道 ◆《太华全图》与《太白全图》	/ 068

第二章
天地玄黄
——文智初开的故事

（一）三皇五帝留下的痕迹——《盘鼓舞图》

老外提出的上下五千年 ◆《开成石经·春秋左氏传》	/ 073
黄帝后裔的家谱 ◆《颜氏家庙碑》	/ 075
如何与天地沟通 ◆《三体阴符经》	/ 077

二 文明的鸿蒙——《仓颉庙碑》

"谷雨"那天发生了什么◆《开成石经·礼记·月令》　/ 081

"丰碑"曾是定位的标识◆《广武将军碑》　/ 083

真正"书同文"的不是小篆◆《程邈书帖》　/ 085

汉字在哪里造成◆仓颉造字台　/ 087

揭开圣人遗书的迷雾◆《仓颉书帖》　/ 088

"天雨粟,鬼夜哭"的缘由◆《篆书目录偏旁字源碑》　/ 091

三 寻找的夏商周——《大禹书帖》与西王母画像石

大禹留下的天书◆《大禹书帖》和《岣嵝碑》　/ 092

汉字演化的迷雾◆《史籀书帖》　/ 094

定稿《尚书》的反转再反转◆《开成石经·尚书》　/ 096

颠覆认知◆《毛诗》和《竹书纪年》　/ 097

最早踏上丝绸之路的游客◆沣西车马坑与玉门关　/ 098

西王母与东华帝君的容颜◆《墓主拜见西王母图》　/ 101

月中玉兔从何来◆《墓主升仙图》　/ 103

四 紫气东来话先秦——《孔子见老子》画像石

圣人手中的"赝品"与他的手迹◆《仲尼书帖》　/ 105

古人心中的火星之神◆"荧惑"石刻　/ 107

诸子百家谁能天下大同◆《御史台精舍碑》　/ 109

封禅到底咋回事◆《禹迹图》　/ 111

体现始皇帝的精力和体力◆《峄山刻石》　/ 114

未能统一天下的书体◆《田畴帖》　/ 116

李斯之后的来者◆《迁先茔记碑》和《三坟记碑》　/ 118

第三章

滚滚长江东逝水——两汉到隋的天下分合

(一) 碑林不只有石碑——两汉的神兽们

早期的呆萌艺术 ◆ 未知名称的西汉石雕　　/123

神道的威仪 ◆ "辟邪"和"天禄"　　/126

(二) 见证汉家兴衰——从隶书到草书

最有血性的汉天子 ◆《东汉章帝书帖》　　/128

防止作弊的终极手段 ◆《熹平石经》　　/130

谁是冠军 ◆《张芝书帖》　　/132

(三) 三国外传——豪杰的亲戚们

司马懿的政治背景 ◆《司马芳残碑》　　/135

曹操家族的忠臣 ◆《曹全碑》　　/137

怎么回答孙权 ◆《钟繇书帖（宣示表）》　　/140

三国最美的女人 ◆《洛神赋》　　/143

终结蜀汉的将军 ◆《邓太尉祠碑》　　/147

(四) 纷乱的时代——魏晋南北朝

千里阵云 ◆《王羲之书帖》　　/150

苻坚的败笔 ◆《吕他墓表》　　/153

南北朝的姻缘 ◆《王普贤墓志》　　/156

匈奴最后的王朝 ◆ 大夏石马　　/157

北魏风情 ◆《鸳鸯七志》与《晖福寺碑》　　/159

一苇何以渡江 ◆《达摩东渡图》　　/162

(五) 盛世的黎明——张扬的大隋

统一进程 ◆《孟显达碑》　　/165

谁定了"永字八法" ◆《智永真草千字文碑》　　/167

对盗墓者的诅咒◆隋代李静训石棺　　　　　　　　　　　　/ 169

第四章 盛世国粹——锦绣大唐

(一) 动物凶猛——精彩纷呈的石雕

开国的实力◆献陵的犀牛和老虎　　　　　　　　　　　/ 173

太宗的戎马◆昭陵六骏　　　　　　　　　　　　　　　/ 177

家族的愿望◆龙龟永寿的《李寿墓志》　　　　　　　　/ 180

信道的皇帝◆端陵鸵鸟　　　　　　　　　　　　　　　/ 182

中断的工程◆蟠螭碑首　　　　　　　　　　　　　　　/ 184

(二) 佛法西来——帝都古刹的传奇

一字千金记录的杖策孤征◆《大唐三藏圣教序》　　　　/ 186

往生净土◆《隆阐法师碑》　　　　　　　　　　　　　/ 190

种种误解◆《兴福寺残碑》　　　　　　　　　　　　　/ 192

梦想成就传奇◆《多宝塔感应碑》　　　　　　　　　　/ 194

藏在碑石里的无上秘法◆《不空和尚碑》《梵汉合
文陀罗尼真言经幢》　　　　　　　　　　　　　　　　/ 197

法海父亲的文章◆《玄秘塔碑》　　　　　　　　　　　/ 199

禅茶一味◆《大智禅师碑》《慧坚禅师碑》　　　　　　/ 201

(三) 万种风情——辉煌包容的社会风尚

对隋朝的认可◆《皇甫诞碑》　　　　　　　　　　　　/ 205

雍容华贵◆《石台孝经》　　　　　　　　　　　　　　/ 207

千古楷模◆《争座位稿》　　　　　　　　　　　　　　/ 210

简化字唐代就有◆《断千字文》　　　　　　　　　　　/ 215

证明达·芬奇密码◆《大秦景教流行中国碑》　　　　　/ 217

声闻于天◆景云钟　　　　　　　　　　　　　　　　　/ 221

东方维纳斯◆唐断臂菩萨像　　　　　　　　　/ 223

（四）帝国斜阳——动荡中的文化精品

标准教材◆《开成石经》　　　　　　　　　　/ 226
从东市到鬼市◆《迴元观钟楼铭》　　　　　　/ 229

第五章 尽数风流——宋时瘦金述明清

（一）儒雅大宋——崇文的时代

致敬唐太宗◆《新译三藏圣教序》　　　　　　/ 235
仁心皇帝◆《劝慎刑文并序》　　　　　　　　/ 237
宋徽宗的考试改革◆《大观圣作之碑》　　　　/ 238
赵德芳的后裔◆《赵子昂游天冠山诗》　　　　/ 239
首选之一的拓印◆《黄庭坚书七律诗》《米芾四条屏》 / 241

（二）当年明月——西北重镇的治理

秦王好莲◆《瑞莲诗图》　　　　　　　　　　/ 242
明代的水源保护法规◆《新开通济渠记》　　　/ 244
大礼议之后◆《敬一箴》　　　　　　　　　　/ 247
官员里的科学家◆《黄河图说》　　　　　　　/ 248
勤政的签名◆《感时伤悲记》《行军诗》　　　/ 250

（三）西部清史——皇帝给关中的御笔

西巡的皇帝们◆七座碑亭　　　　　　　　　　/ 253
夺嫡的胜者◆《赐岳钟琪书》　　　　　　　　/ 255
十全老人◆《喜雨诗并记》　　　　　　　　　/ 257

文中提及的碑林金石纲目　　　　　　　　　　/ 259

后记　　　　　　　　　　　　　　　　　　　/ 267

一城文化半城神仙
—— 碑林与长安

YICHENG WENHUA BANCHENG SHENXIAN
—— BEILIN YU CHANG'AN

石语长安

叠加在城墙上的历史
——盛唐皇城的变迁

○ 永宁门门洞

长安何以成西安 ◆ 西安古城墙

西安碑林博物馆位于古城的南城墙下，这段城墙在唐代属于长安城内皇城的南城墙，历经宋元明清和近现代的多次大修沿用至今。今天走进藏在城墙内部的含光门遗址博物馆，在含光门遗址上能清晰地看到从唐代开始，在每一次修缮、每一次加高加宽后，所产生的层层的断面中沉淀着的古城的

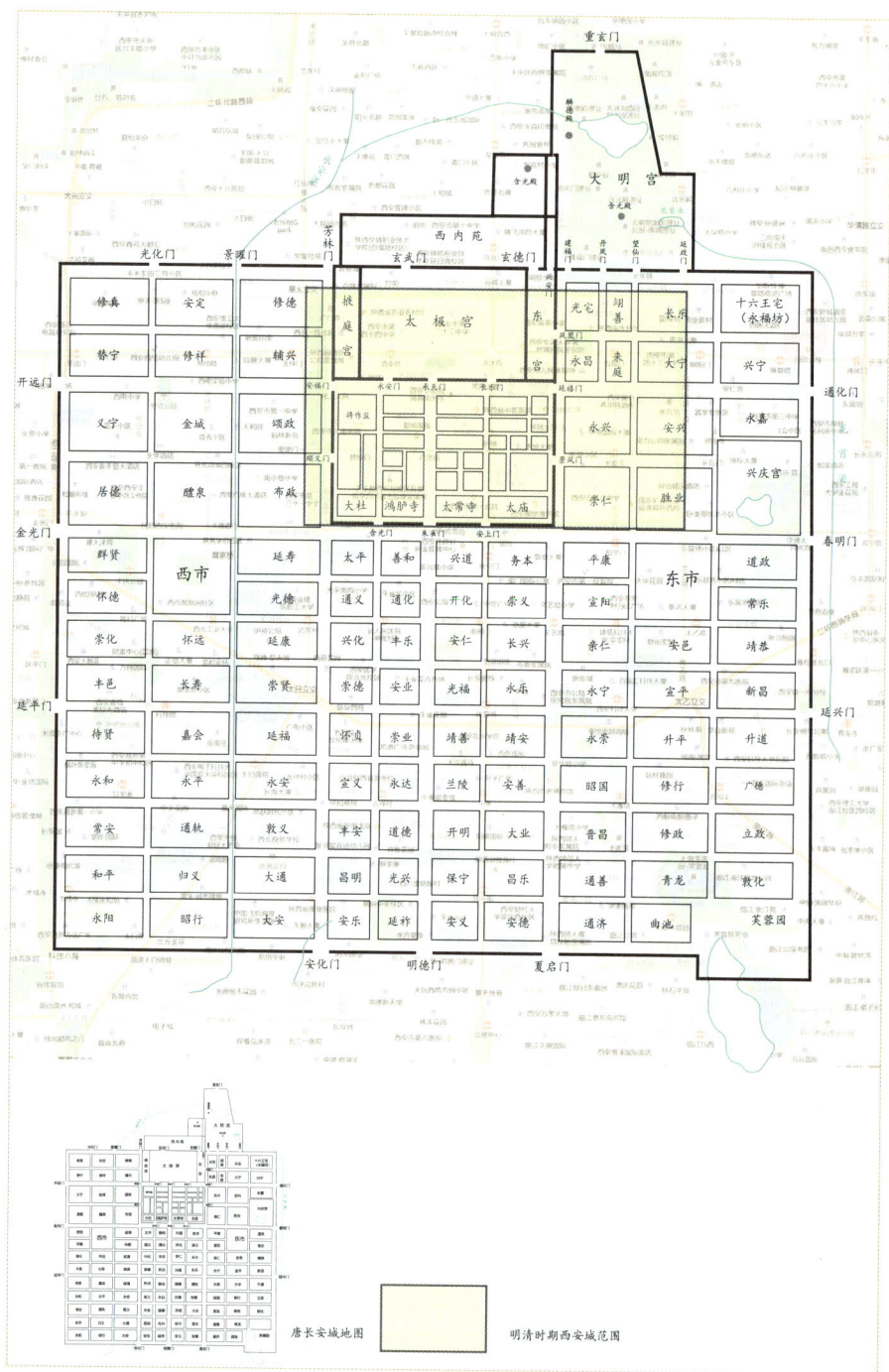

○ 唐长安城与明清西安城的对照关系图

历史。

　　一千多年前的长安城比今天城墙内的范围大得多，最外围是外郭城，城内还有皇城和宫城。皇城在中间偏北，宫城在最北面居中。皇城是各个中央官署的所在，宫城则是皇帝朝寝的范围。今天西安城墙内的范围大致是唐代长安的皇城，当年皇城南面有三座城门，自西向东依次是含光门、朱雀门、安上门，碑林博物馆的位置在安上门内东边。这里原本在皇城东南角，唐末驻守长安的节度使韩建放弃了外郭城和宫城，仅仅保留了皇城。明朝向东和北两个方向扩建了城市，安上门就从东边的偏门变成了中轴线上的正南门，不但改称永宁门，样式也从唐代的过梁式三门洞改成了"门三重楼三重"的城门体系。

　　明代扩建的原因是朱元璋在洪武三年（公元1370年）分封子孙们到全国各地担任藩王，二儿子朱樉被封为秦王，要来驻守西安府城。他的王府就利用城内东北部的元代御史台署改建，为了让建好的王府能接近城市中央，于是就往东和北两个方向扩建了城市。扩建还有一个重要原因，就是要用高大的城垣震慑西北、防范北元。明代西北边界比汉唐时回缩不少，甘肃和陕西在行政区划上基本是"甘陕同治"，作为西北两省首府，府城当然要大气磅礴一些。顺便说一下，分封藩王的前一年，名将徐达攻占了元朝的奉元路，改

○ 西安城墙的南门——永宁门

称西安府。"西安"这个名字第一次出现在历史上，寓意是安定西北。

城市扩建与秦王府修建同时在洪武十一年（公元1378年）完工，比元代的奉元城面积扩大了一半以上，形成了如今的规模。而唐代皇城的南城墙作为城市的南郭一直沿用至今。

真正的《长安舆图》怎样绘制 ◆《长安图》残石

一个世纪前，汉莎航空的飞行员飞过秦岭和渭河时，看到一座四方的城市，城内正南正北正东正西的街道分隔出一个个四方的街区。惊讶的他用相机拍摄下了那时的西安，也让世界了解到九宫格局的东方规划。这种空间曾经影响了日本的京都、奈良等很多城市，被白居易描述为"百千家似围棋局，十二街如种菜畦"。诗句出自他的《登观音台望城》一诗，观音台是长安城内乐游原上观音寺里的高台，观音寺还有一个更流行的名字叫"青龙寺"。电影《妖猫传》里青龙寺藏有无上秘法，而历史上日本佛教宗师空海确实在这里得到了真传。白居易来这里眺望长安是因为他在乐游原下买了房子（之前一直

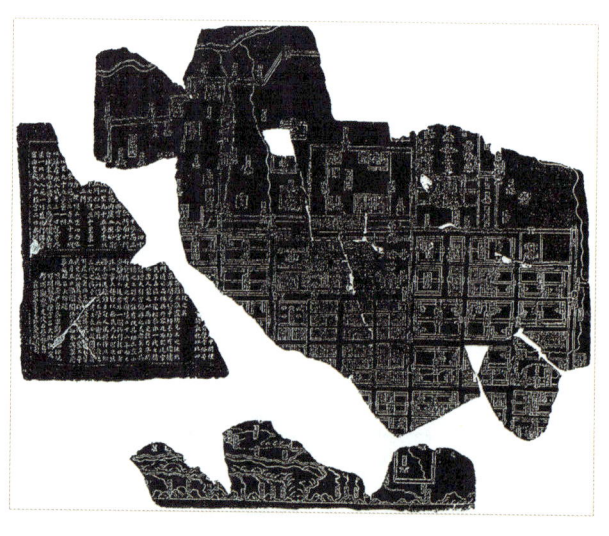

○ 西安碑林北宋吕大防绘《长安图》残石存留的拓片

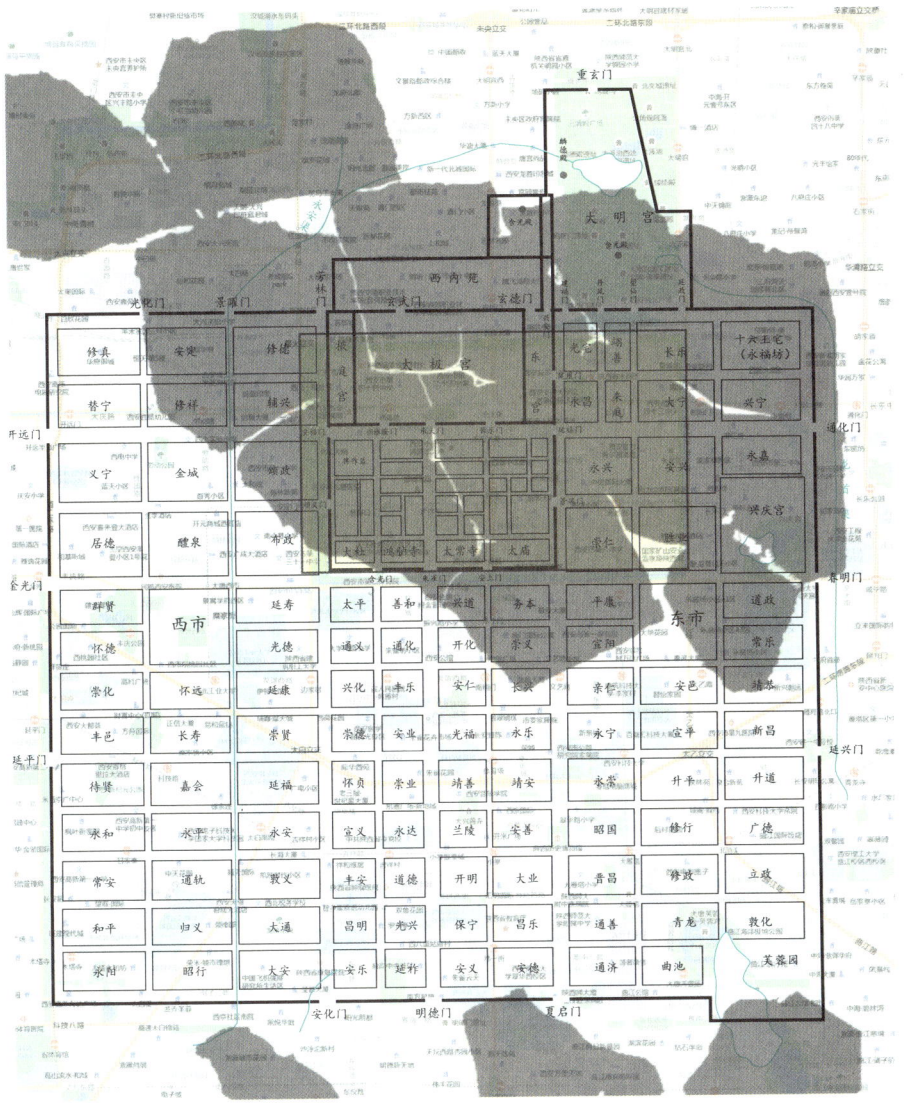

○《长安图》残石在唐长安城平面图上所占的位置

租房)。李商隐比白居易晚些时候也驱车登上了乐游原,回想盛唐,他写下了"夕阳无限好,只是近黄昏"。50多年后,朱温挟持唐昭宗东迁洛阳,所有的宫殿都被拆毁,从此人们只能通过那些诗词歌赋来回想锦绣长安。

随着《长安十二时辰》的热播,"长安舆图"成了热门词语。"舆"本来是车上载物的底座，因为地图上承载有四方的事物，所以古人把地图叫作舆图。展开舆图，城市了然于胸。唐代绘制的"长安舆图"没人见过，不过西安碑林里却有一块唐长安城的地图刻石，是今天各类"长安舆图"的模板。这就是北宋吕大防绘制的《长安图》，在北宋元丰三年（公元1080年）刻成石碑，是中国现存碑刻里时代最早、范围最广、题记最多的城市地图。后来，任宰相的吕大防主政陕西，通过考据和调研，绘制了长安城的总图以及太极宫、大明宫、兴庆宫三大宫殿各自的放大图。图上除了街道、里坊和东西两市，还画出了长安城内主要的宫殿、衙署、宅邸、寺观、城防等建筑，同时标注了比例"以二寸折地一里"（约1：9000）。石碑在金末的战乱中碎裂，民国时在南门里发现了残块，保存到碑林，配合一些历史拓片，可以复原当年《长安图》的三分之一左右。

绘图的吕大防，一家四个兄弟都有不小的成就，被称为"吕门四贤"。老大吕大忠在任陕西转运副使时，将《开成石经》等碑刻移到现址，成为西安碑林的创始人，今天碑林里还存有他和家人的墓志。老二吕大防在宋哲宗时接任司马光当宰相，编写了《文献通考》。老三吕大钧和关学创始人张载为同科进士，又师从张载创建了横渠书院，还制定了中国第一个"村规民约"——《吕氏乡约》，就是电影《白鹿原》里的《白鹿乡约》。老四吕大临是太学博士，专注研究文物，著有考证文物的著作《考古图》，"考古"两个字就来自这本书。

迷惑摸金校尉的设计 ◆ 吕氏家族墓

京兆府学在唐尚书省旧址创立后不到50年，吕家的老二吕大防将部分府学和文庙迁到西安碑林现址（唐代太庙旧址），不久哥哥吕大忠将《开成石经》等碑刻也迁到这里，始创碑林。这时，吕大防升迁，到东京汴梁进了尚书省，老三吕大钧却病逝在鄜延（今天陕西省富县至延安一带）转运司副使

○ 陕西历史博物馆中的吕氏家族墓地出土文物专柜

任上。主要在家搞研究的老四吕大临就负责起兄长在老家蓝田的安葬和家族墓地的修建事宜。

和近代一样,当时很多金石文物也都是摸金校尉的徒子徒孙们从墓葬中偷盗出来的。吕大临搞文物考证,当然知道这些盗墓贼的手段,于是给自家的墓葬设计了不少防盗措施。吕氏家族在蓝田的墓葬,一般都是从地面向下垂直挖主墓道,然后分别在 3 米和 7 米的深度建造两层假墓室,里面还放些一般的陪葬品。而真正的墓室修建在地下 15 米深处。整个墓葬采用土圹结构,不用砖石,连封门都是用土,下葬后墓道用黄土夹杂鹅卵石封填。盗墓贼挖到没有砖石的墓,一般会判断是平民墓而放弃。就算有人试探着挖到地下 3 米的第一层墓室,也只有一般陪葬品,即使再打通第二层墓室,也绝对找不到地下第三层的墓室。

其实在不知道具体位置的情况下,就算知道地下 15 米有墓室,以当时的技术也很难找到,洛阳铲 800 多年以后才被发明出来。古代对盗墓者处罚

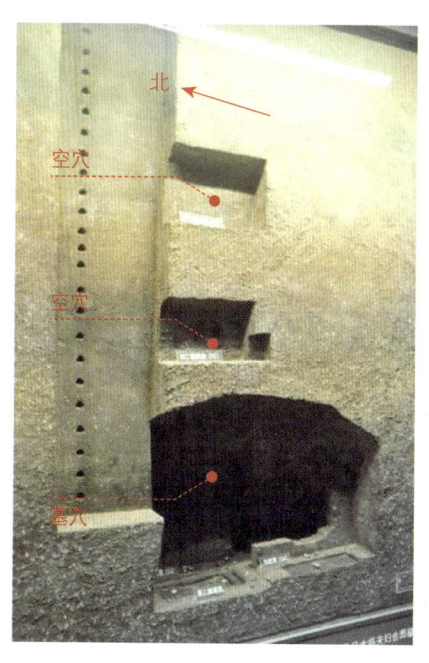

○ 陕西考古博物馆展出的吕大临墓三层结构示意模型

很严，村民发现盗墓贼也会痛打，所以盗墓时不敢把大量的黄土翻到地上，也就挖不出太长的盗洞。即使强行挖下去，夹杂着鹅卵石的黄土也非常难对付。可以说这一系列措施相当缜密，足以应付古代的盗墓贼。不过，随着近代洛阳铲配合炸药使用，盗墓贼可以快速地找到主墓室并凿出深入地下的盗洞，吕氏家族墓也在2006年被盗。破案后查缴了大批珍贵文物，陕西历史博物馆专门为这批文物开辟了专柜，这说明吕大临的设计还是成功地防住了之前的盗贼。

这位考古界的鼻祖没想到在现代只要用洛阳铲打出探孔再放点炸药，盗洞就能扩大，更想不到抓获的盗墓贼竟然是吕氏后人，在盗墓之前还查找了他这位祖先的相关资料，堪称现实版的《盗墓笔记》。

城砖上的密码 ◆ "户大王守"与"前卫"

碑林外面的西安城墙是夯土包砌青砖而建成的，整个西安城墙使用了大约2700万块青砖。烧砖过程中砖坯如果自然冷却，坯土中的铁成分完全氧化成三氧化二铁，就成为红砖。砖坯如果加水冷却，坯土中的铁就会不完全氧化而生成四氧化三铁，成为青砖。青砖抗氧化、耐腐蚀，在古建筑上经常采用。西安城墙上的青砖表面常能看到"户大王守""八四周村"等字样，这些密码一般的文字常常让游客不解，有人说这是因为朱元璋修南京城时要求城砖要刻上监造和工匠的名字,所以西安的城砖也是如此。这只能算是说对了一半。

今天能看到的刻字城砖,大多是20世纪80年代大修城墙时换上的。当时周边农村都给城墙烧砖,砖上刻了地名、厂名和年代等,今天细看还能找到不少村名。从文物保护的角度来看,这次更换城砖是文物修复的典范。砖上刻时间和制造者的名字不但延续了古代"工勒其名"的传统,也以实物记录了新中国成立后这次大规模的城墙整修。随着时光流逝,最终这些刻字城砖也会伴随城墙成为见证历史的文物。

除了现代,唐代和明代的城砖上也刻字。唐代的城砖上能看到年号,西安的明代城砖上还写了督造的卫所的名称,如"前卫""左卫"等。"卫所"是朱元璋制定的军队自己种田养自己的制度,一个"卫"约5000人,下辖5个"千户所",有作战部队,还有负责耕种生产的。当时西安都卫在碑林东边端履门街东的总督府办公,管辖有西安左护卫、西安右护卫、西安中护卫、西安左卫、西安右卫、西安前卫、西安后卫等。西安城墙含光门博物馆就展出有西安前卫承造的"前卫"城砖。这些卫所除了在城砖上留下了名称,也在城市中留下了记忆。例如,西安地铁的后卫寨站,站名中就有"后卫"。

○ 城墙上"户大王守"的刻字城砖

○ 唐代的"天宝元年"铭文砖　　○ 西安城墙含光门博物馆展出的"前卫"城砖

永宁门内隐藏的国宝 ◆ 七宝台佛像

西安城墙内还保留着当年巡防的马道巷，空间尺度很适合休闲漫步。南城墙自西向东串起了唐代命名的含光门和朱雀门，明代改名的永宁门，新中国成立后形成的文昌门、建国门、和平门。含光门和朱雀门之间还有纪念辛亥革命志士的勿幕门。在这条充满历史感的轴线上，有一个叫"门"却不是城门的地方——书院门，是古城最有文化气息的地方。

走进西安市南门永宁门，右手边就能看到书院门的入口牌楼，两侧立柱上写着"碑林藏国宝，书院育人杰"。细看会发现牌楼匾额"书院门"三个字下写着"颜真卿书"。集字匾一般少有落款，因为字不是给自己写的。书院门没有这个顾虑，颜真卿的真迹就在后面的碑林里。而且这三个字来自不同的碑，懂的人才能看出源头，也算一个书法底蕴的试金石。

华丽的牌楼外面有座朴素的砖塔——宝庆寺塔，塔下已经看不见当年的寺庙，砖塔也没有大雁塔那样有名。然而，塔上却藏着盛唐国宝——武则天七宝台上的佛雕像。当年高宗和武则天共同执政时，大明宫前的光宅坊挖出了装着舍利的宝函，武则天下令把舍利分给天下各州，并且建造了光宅寺，用七宝台供奉舍利。虽然还没有研究清楚七宝台具体啥样，但史书记载七宝台全部由华丽的石雕佛像装饰，无与伦比。今天欧美、日本的博物馆都以藏有七宝台佛像为荣。唐代，中国佛教造像艺术达到高峰，武则天推崇佛教，长安和洛阳汇集了大批技艺精湛的工匠，皇家敕造的七宝台佛像魅力无穷。而这样的国宝级石雕，宝庆寺塔上镶嵌了好几块，是明清时从光宅寺旧址搬来，又安装上去的。这本书的主角——碑林博物馆里也藏有一件七宝台佛像，是国家级文物。

牌楼里面是延续明清两代，有将近500年历史的关中书院，书院门因此得名。万历年间御史冯从吾直言进谏得罪皇帝被罢官，回到老家西安后就在永宁门内的宝庆寺讲学。随着听讲的人越来越多，大家就在宝庆寺东边修建了关中书院。除了这所民办书院，这里还曾经汇集了官办的西安府学和长安、咸宁两座县学。所以书院门里有"三学街"，还有"府学巷""长安学巷""咸宁学巷"。这一带不但碑刻拓片之类古玩艺术品多，而且是西北最大的文房四宝批发集散地，店主人大多来自中国最好的笔和纸的产地。街上还有篆刻摊子，有几个高手可以按照名碑帖的字体刻章。

○ 书院门入口牌楼与宝庆寺塔

○ 宝庆寺塔上的雕塑

三学与魁星
——京兆府城的文化荟萃之地

○ 西安碑林外的三学街

"庙学合一"催生的"三学"汇集 ◆ 三学古街

贞观四年（公元 630 年），唐太宗诏令天下各州县的官学建立孔庙，孔庙和官学修在一起的"庙学合一"制度由此开始。除了山东曲阜和浙江衢州的孔庙属于孔家的家庙，中国其他地区都是"庙学合一"，不仅祭祀孔子，也教播儒学。《清代西安府图》显示当时孔庙西侧有府学、长安县学、关中书院，

○ 府学巷

○ 长安学巷

东侧有咸宁县学、文昌宫、崇圣祠等，是"府学""县学""关学"三学交相呼应的文教区。而长安城文教的渊源最早可以上溯到唐代务本坊（今天文昌门外）国子监内的国子学、太学和四门学等。唐末依托皇城"缩建新城"时太学被迁到了城内，原先唐代尚书省的西隅，后来成了京兆文庙。北宋景祐元年（公元1034年）依托文庙创办了京兆府学，京兆府学后来又迁徙到了今天碑林附近府学巷的位置，宋金的京兆府学、元代的奉元路学、明清的西安府学由此一脉相传。清末废除科举改办新学，西安府学才停办。院落虽经百年变迁，当年的数棵古树依然枝繁叶茂。

府学巷西边是当年长安县学所在的长安学巷。长安县学也是历经多次迁徙而来，经历过明清多次增修，规模也不小。今天除了古树，当年的大门和二道门建筑还基本留存着。

碑林博物馆（当年的孔庙）东侧是咸宁学巷。咸宁县学创办于明初，开始建在城内的咸宁县治旁边，后来觉得这里文运昌盛，就搬了过来。当年建有儒学大门、明伦堂、博文斋、约礼斋、敬一亭及东西生员斋房等建筑，今

○ 咸宁学巷

○ 各个充满文化的街道名称汇集在碑林博物馆东门前

天两层高的奎星阁还在，就在咸宁学巷的民居院落中，二层北面的龛内还供着魁星像。县学南边的崇圣祠，今天改成了碑林区少年宫，依然在培育青少年。

咸宁学巷南口对着的城墙上还有魁星楼，楼下的城门叫文昌门，结合这里的文化气氛，取意文运昌盛。古代星官排列里，文昌与北斗并列。文昌星官六颗星，北斗星官七颗星。魁星则是北斗星官勺部分的四颗星（天权、天玑、天璇、天枢）。魁星中的天权星，就是人们常说的文曲星。在民间，魁星又以人的形象受到供奉，传说被他的朱笔点中，就能写出锦绣文章，金榜题名。魁星楼是当时城墙上唯一与军事防御无关的设施，据说是咸宁县为了本县的文化运势专门建的，对着自己的县学，祈求学生们"魁星高照"。

魁星踢斗独占鳌头 ◆《魁星点斗图》

城墙上的魁星楼里挂着的《魁星图》，图上的半醒半醉的魁星蓬头虬髯，一手捧斗，一手执笔，腰上还挂着酒葫芦。这个形象和碑林博物馆的《魁星点斗图》碑上的形象很像。碑林的《魁星点斗图》是清代陕甘总督马德昭在同治年间画的，魁星两手分别扬笔托砚，右脚踩在"鳌"字上，左脚踢"斗"字，寓意为"独占鳌头，魁星点斗"。图案中还内藏儒家的"克己复礼正心修身"八个字。全国有两块这样的石碑，一块在西安碑林，一块保存在马德昭的家乡阆中。不过，西安碑林里马德昭的作品远多于阆中，一共有八幅书法镌刻在四通碑石上，《魁星点斗图》和《花甲重周"寿"字》在两块碑上单独刻画，《一笔"虎"字》《草书七言对联》一正一反刻在一块碑上，另外一幅《一笔"寿"字》配合背面的《草书七言联》《如意》《不可说》刻在一块碑上。算起来比碑林收藏的颜真卿作品（七幅）还多。作为在陕甘回民暴动中保卫了西安城的武将，他的书法虽不能和碑林里的大家比，但也有"丈夫

◎ 西安城墙文昌门上的魁星楼

○ 魁星楼下的三学街上今天依然还在出售《魁星点斗》等拓片

○ 西安碑林《花甲重周"寿"字》刻石拓片

○ 西安碑林《魁星点斗》刻石拓片

提刀,力战八方"的豪迈。特别是他写的《花甲重周"寿"字》用"九十九"和"二十一"组成了"一百二十",浑厚的用笔在不出法度的情况下,蕴含了新意,为大家所喜爱。

鳌头到底什么样 ◆《五星二十八宿神形图》

"独占鳌头"是家喻户晓的成语，但少有人知道鳌头是什么样子。据说远古时东海边天台山下的羲和部落最早识别了北斗七星，把离斗柄最远的一颗星命名为魁星。部落首领伯益在扶桑山上的鳌头石边睡觉时梦到魁星，受点化而创作了《山海经图》。后人尊魁星为文运神，形象是赤发跣足，捧墨斗执朱笔立在鳌头上。《竹书纪年》里说女娲补天时用鳌足来支撑天，鳌头留在天台山。古时天台山的鳌头石后建有魁仙阁，今天还有遗址。《列子·汤问》里也记载："女娲氏炼五色石以补其阙；断鳌之足以立四极。"说明"鳌"很能驮东西。民间传说唐代新科状元进宫面圣时，就站列在殿前的巨鳌雕塑前。《北江诗话》里记载："赞礼官引东班状元，西班榜眼二人，前趋至殿陛下，迎殿试榜。抵陛，则状元稍前进，立中陛石上，石正中镌刻有升龙及巨鳌……"这里说的"陛石"也叫"丹陛石、陛阶石"，镶嵌在宫殿台阶中间，皇宫很多建筑都有丹陛石。不过现今北京故宫的丹陛石上大多是九龙戏珠，

○《五星二十八宿神形图》中的氐星神（氐土貉）

国子监倒是有一个鳌头,就在牌坊下的鱼跃龙门后面,每年高考时大批家长来摸。平遥文庙的书院前也有一块,不过都是唐宋以后的。

那么唐宋时的鳌头到底是什么样子呢?日本大阪市立美术馆保存有一幅《五星二十八宿神形图》,据考证是唐代梁令瓒绘制的,其中的氐星神(氐土貉)端坐在鳌鳖上。鳌鳖是龙头龟身,四爪如龙爪,蛮横霸气。

唐代在哪发金榜 ◆ 贡院故址

除了独占鳌头的状元,唐朝平均每年录取进士20人左右,前期主要在皇城的端门发榜,后来唐玄宗在礼部设置了贡院负责科举,发榜就改在礼部贡院。唐代贡院的位置在皇城内承天门大街东边的尚书省,今天西安市钟鼓楼

○ 唐代发榜的尚书省贡院位于今天西安市中心熙来攘往的钟鼓楼广场

广场一带。进士们的名字竖写在四张黄纸上,因此称"金榜"。唐代以后录取的人逐渐增多,到清代每年近百人,用的纸张也增加不少。

今天西安还有贡院门,不过是指明清的陕西贡院。当年院前的牌楼上写着"明经取才、为国求贤",清末甘肃分治以前,这里接待全西北的考生。因为是考取举人的地方,这里还有东举院巷和西举院巷。当年为防止翻墙舞弊,贡院墙头插满了枣刺,墙外巷子由此俗称"枣刺巷",后来被雅称为"早慈巷"直到今天。当年院内建有很高的明远楼,取"慎终追远,民德归厚矣"的含意,挂着"楼起层霄,是明目达聪之地;星辉文曲,看笔歌墨舞而来"的对联。楼上放着开考鼓,监临、巡察等官员都在楼上监考。后来明远楼被搬迁到革命公园,成为"革命亭"。贡院遗址上建了儿童公园,当年的石马、石狮、石羊、石碑、石柱等还在。

明清陕西贡院建在唐代大理寺旧址上,贡院门街南口专门竖有标识唐大理寺遗址的石碑。当年附近还有管建设的"将作监"、管行幸的"奉宸局"、管舆辇的"尚辇局"等。

朝为田舍郎,暮登天子堂 ◆国子监故址

在科举正式开展的唐代,每年从冬天开始,乡贡举人与各级学校的生徒举人就纷纷前往长安赶考,考前还要进宫朝见皇帝。所谓"朝为田舍郎,暮登天子堂"就是这个意思。朝见帝王之后,考生们还要前往国子监和孔庙拜谒。在此期间,国子监会举行许多"学术讲座",五品以上的官员要前往观礼,学子们的食宿也都由国家提供。唐代国子监和孔庙都建在务本坊,和今天碑林所在地只隔一道宫墙,当年宫墙内这个位置是太庙。

相比之前的九品中正的推荐制度,科举给了广大的寒门子弟出仕的机会,"将相本无种,男儿当自强",朝堂不再专属于世家贵族,国家也能选到更多的人才。据历史记载,唐太宗就曾看着鱼贯而入的学子们感叹:"天下英雄尽

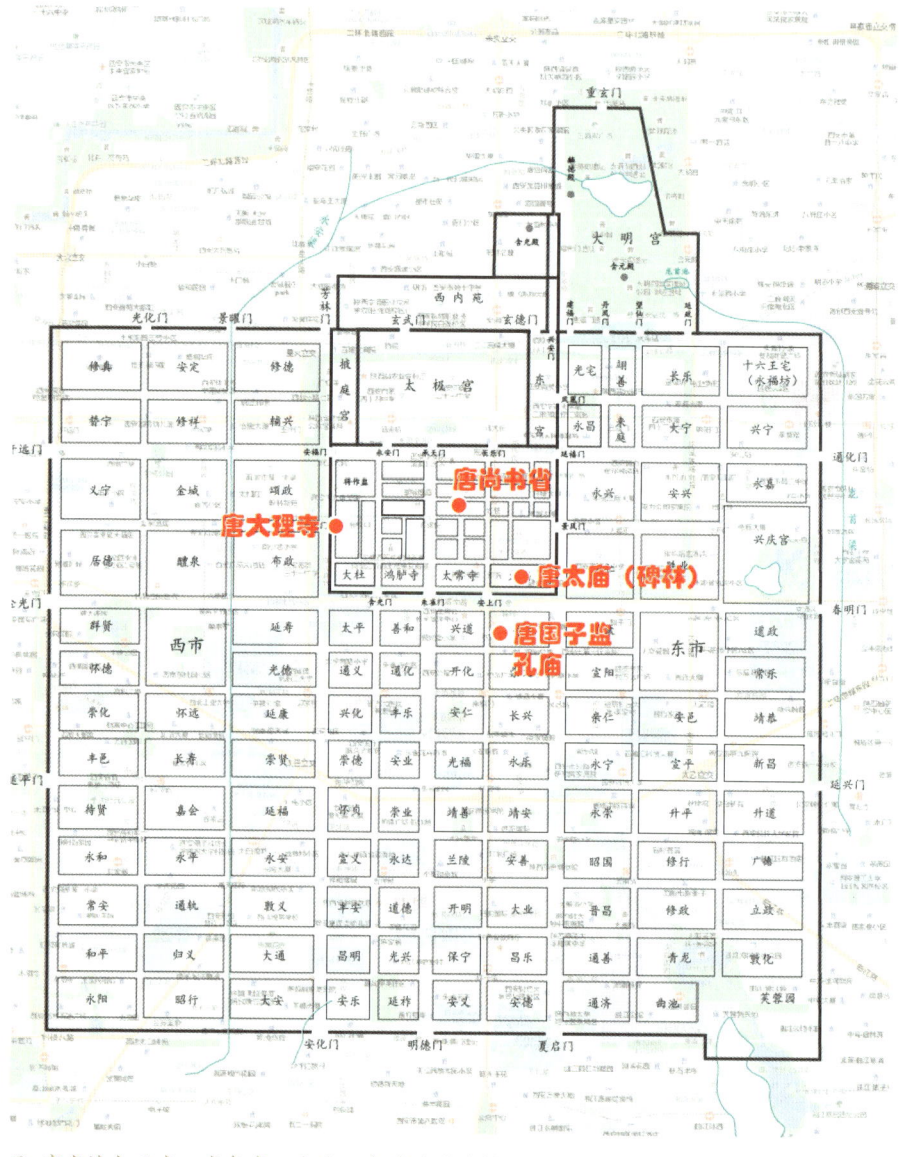

○ 唐代的大理寺、尚书省、太庙（今碑林博物馆）、国子监（孔庙）的位置

入吾彀中矣。"而"朝为田舍郎，暮登天子堂；将相本无种，男儿当自强"其实出自宋代汪洙的《神童诗》。诗作经过历代后人添加完善，形成了格律工整的五言绝句。《神童诗》不但是旧时少年学诗的范本，也是教育他们上进的警

句。我们熟知的"万般皆下品，唯有读书高"等都出自这首诗。

学校的产业
◆《京兆府学赡学舍地清册》

古代的学田制度从北宋开始，简单说就是官办学校划拨田地和房产，用地租、房租作为办学经费。有关学田的事情大多会刻立碑石。西安碑林里金代的《京兆府学赡学舍地清册》（也称《京兆府提学所帖》）是金明昌五年（公元1194年）京兆府学的房舍和学田的清单。京兆府提学所把发给府学的不动产列成清册，交给府学验收。验收后清单就刻在宋代的《玄圣文宣王赞》碑的碑阴。虽然是在背面，但内容涉及很多金代京兆地区的地名，是少有的地名史料，出现的地名与北宋时宋敏求的《长安志》中的记载可以相互考据。

因为学田制度容易操作，所以不太重视中原文化的元代也设有学田，而且收入不但用于学校运营，还发给孤寡老人，并兼顾相关建筑的维修。元惠宗至元二年至五年

○《京兆府学赡学舍地清册》局部

《京兆府学赡学舍地清册》碑自右上方开始，按照街区详细记载了京兆府学的各处产业，最有趣的是在开始部分出现了一处位于"左第一厢银行街"的房产记录。很多研究中国金融史的人都爱提起景定元年（公元1260年）在南宋的建康（今天的南京）形成的"银行街"，殊不知在同一时期甚至更早，北方的京兆府城内也存在过这样一条银行云集的大街。同时，石碑上显示的当时对不动产的登记方法也十分科学。除了房屋的开间和尺寸，还专门记录了隔墙和地基的使用情况，其合理程度并不亚于今天的房产证。

○ 西安碑林《赡学田颂》碑（也称《大明西安赡学田颂》）拓片

○ 西安碑林《京兆府学赡学舍地清册》拓片

《京兆府学赡学舍地清册》是金明昌五年（公元1194年）京兆府路管理提学所签发给京兆府学的一份赡学房舍土地清册，由府学确认如数收到田产后刻在宋代《玄圣文宣王赞》碑的背面。碑文显示，当时的京兆府学拥有不少用来维持府学运营的房舍和田产。

《赡学田颂》碑是明代陕西左布政使王廉亲自撰文并书写的，其中以"功成治定万国宁，郡县庙祀绝复兴"的颂词，赞扬了朱元璋将孔子的庙祀供给学田使用的功绩。这里的庙祀是指孔庙的祭田，是历代朝廷赐予或显贵捐献的田地，地租收入主要用于孔庙祭祀，有时还算成衍圣公的收入。朱元璋这样做相当于把孔庙的收入划给了府学，也符合他最初诏令"孔庙春秋释奠，止行于阙里，天下不必通祀"的态度。碑上早期风格的隶书显示了王廉这位《元史》编修者的书法功底。这块碑的碑阴上部刻有永寿庄僖王朱诚泳题，周凤翼、周凤翔摹刻的《瑞莲诗图》，下部有康乃心撰书的《青门帖》。

（公元1336—1339年），陕西诸道行御史台就利用学田收入大修了文庙、府学及碑林，同时还刻立了《赠学田记》石碑，明确记录了各县的学田。为什么历朝都要把学田账册刻到石碑上呢？就是害怕被侵占或挪用。元代甚至还专门刻立了《府学公据》石碑，来保护府学资产不受侵扰和侵占。"公据"就是地方官署和府学之间的公共凭据。《府学公据》与《重立文庙诸碑记》刻在同一块碑上，《府学公据》在上，《重立文庙诸碑记》在下。碑文中还专门规定"禁约诸官员、使臣、军马，无得于庙宇内安下或聚集，理问词讼，及亵渎饮宴"，意思是官员们不能去学校的房子里办公、居住或是开宴会等。对于房产更是详细记录到了几间几椽。由此看来元朝政府也知道反贪的重要性，不过就是后来没有执行好。

明朝，朱元璋为防止贪污，详细规定了府学的各种细节，包括师生名额以及对应的伙食标准等。对学田也进行了改革，特别是根据"前代学田多寡不同，宜一其制"，意思就是统一各地的学田标准，避免学校因地区不同而收入有多寡，简单说就是推进教育均等化。同时，务实的朱元璋还诏令将孔子的"庙祀归赠学田"，就是将原本用来供给孔庙祭祀用的"祭田"也划归办学用的"学田"。碑林里也由此多了一块《赠学田颂》（也称《大明西安赠学田颂》）。朱元璋喜欢精打细算，所以不但缩减了师生名额，而且为了监督，还规定官学"各设吏一人，以司出纳"，就是派不属学校管理的低级小吏去管钱，让他和身份高贵的官学老师们相互制约。

三

碑林与孔庙
—— 搬迁文化和艺术

○ 西安碑林（孔庙）的棂星门

博物馆本身就是文物 ◆ 孔庙古建

  北宋初期依托府学集中了碑刻，又迁来了文庙，形成府学、文庙、碑林同在一地的格局。之后规模不断扩大，藏石日益增多。根据明成化十一年（公元1475年）的《重修西安府学文庙记》记载，当时已建有宏伟的大成殿，设有牌坊、泮池、棂星门、戟门、文昌祠、七贤祠、神厨、斋宿房等。清代增建了多座碑亭，重修了入口的"太和元气坊"（入口牌坊，取意合会大利，利贞万物），象征儒学如同天地生育万物。当年地方孔庙的大门不直接开向南，今天博物馆大门也就开向东西两个方向。正南有个照壁叫"万仞宫墙"，墙外是清末书画家刘晖写的"孔庙"两个大字。这种入口结构据说出自子贡赞美孔子的典故（正面看不见门，会觉得里面深不可测）。照壁东西两边的门则分别称为"义路"和"礼门"，门内是两个半圆形水池，叫"泮池"。古代国家孔庙中的水池"辟雍"是圆形，地方上孔庙中的水池都是半圆形，意思是学无止境，很难圆满。当年水池中间的小桥也只有秀才以上的人才可以走。过了桥，是座石牌坊，叫"棂星门"。"棂星"即"灵星"（天田星），是二十八星宿中管取士的，西汉时祭祀它以求风调雨顺。后代人认为孔子与天相配，所以建棂星门祭祀孔子。当年祭祀时主祭官才能走中门，今天东边的游客入口是一般人员走的，而参观完出来时走的西边的门是官员走的。棂星

○ 西安碑林（孔庙）正南面的照壁（万仞宫墙）背后能看到入口的"太和元气坊"

○ 大成殿烧失前的西安孔庙（自南向北依次是照壁、牌坊、戟门、碑亭、大成殿）

○ 新中国成立初期的碑林礼门（远处可看到县学的文昌阁）

门内两侧有长长的廊房，正对着戟门。再往里面走有石马亭、钟亭和六座功德碑亭以及两庑。正面本来还有雄伟的大成殿，可惜新中国成立后在一次火灾中烧失。今天戟门正对的是碑林标志性建筑《石台孝经碑》碑亭。历史上，从这儿之后才是真正的碑林。孔庙的建筑多建于明清，碑林的建筑多翻建于民国，很多重点建筑还凝聚了梁思成先生的心血。今天孔庙和碑林一起成为博物馆，其中的古建筑也是博物馆的文物。

这里曾经是太庙 ◆ 太庙故址

今天碑林博物馆的位置在唐代是皇城安上门内东边的太庙所在,是帝王祭祖的地方,天子的祖庙。隋文帝建造大兴城的时候,拆迁了汉长安城里面前秦苻坚时建造的太庙,在皇城的东南隅营建了隋朝的太庙,后来唐代就继续沿用。

《周礼·考工记》里描述理想的国都应该是"方九里,旁三门。国中九经九纬,经涂九轨。左祖右社,面朝后市,市朝一夫"。唐长安城外郭城的东西两面各有三门相对,门内有大街贯通,对应"九经九纬"。宫城、皇城布置在中轴线北端,祖、社、市、坊都对称布局。和太庙对称的位置是社稷坛,就在皇城含光门内以西。唐代社稷坛的四面颜色不同,东边青色,南边红色,西边白色,北边黑色,顶上是黄色。太庙四个方向的墙壁,也涂成不同的颜色,每面墙上还开有三个门,门前各列24杆戟。排列作为兵器的"戟",是

○ 唐李寿墓壁画《列戟图》

○ 今天的唐代太庙旧址前虽然已看不到唐代的礼制器物，但是周边大大小小售卖石狮子、铜麒麟的店铺依然显示出这里一直延续的历史文脉

古代重要的礼仪。《唐六典》中规定："凡太庙、太社及诸宫殿门，各二十四戟。"今天我们在唐墓壁画中经常能看到《列戟图》，例如淮安王李寿墓的壁画，就画了14杆戟，刚好符合《唐六典》中"王列14杆戟"的规制。如果再细看，仪仗图上还画了迎风飘扬的四旒旗，这也根据身份不同而数量不同。

其实孔庙唐代才有 ◆《孔子庙堂碑》

西安碑林建在孔庙里，但长安城最初的孔庙不在这里，在朱雀门内的务本坊，和国子监在一起。武德九年（公元626年）的时候，唐朝册封了孔子的后代为褒圣侯，并翻修了孔庙。因为这一年李世民刚上位，急需处理的事很多，所以没顾上立碑纪念。唐朝之前都是以周公为先圣，孔子只是先师，李世民登基后改成"停以周公为先圣，始立孔子庙堂于国学"。原因是周公要

○ 西安碑林《孔子庙堂碑》的清代拓本

求嫡长子继承皇位。李建成是嫡长子，李世民自然不听周公的。所以李世民在修文庙的同时扩建学舍，宣传孔子的学说，培养他所需要的人才。史书记载他在"贞观二年于国学增筑学舍一千二百间"，同时"四方儒士，多抱负典籍，云会京师。俄而高丽及百济、新罗、高昌、吐蕃等诸国酋长，亦遣子弟请入于国学之内"。于是乎大家都认为太宗"宣文教于六学，阐皇风于千载"，纷纷递奏表要求立碑，就有了贞观初年的《孔子庙堂碑》。碑文对李世民的政绩做了总结，说"四海之内，靡然成俗"，并且"素丝既染，白玉已雕"，意思是天下已经充分理解并传播孔子的学说。

两千多字的碑文由大书法家虞世南主笔。他一路跟随李世民从秦王升为太子，担任正五品的太子中书舍人。李世民登基后，他兼任著作郎兼弘文馆学士。所以碑上的署名是"太子中舍人行著作郎"，用"行"表示向下监任。

唐太宗很满意这篇书法，于是把王羲之曾经佩带的"右军将军会稽内史黄银印"赐给他，还拓了数十张碑拓赐给近臣。石碑最初立在国子监旁的孔庙，前来观瞻的人络绎不绝。可惜不久因为捶拓过度损毁了，留下的拓片传世也很少。后来武则天在武周长安三年（公元703年）命令相王李旦根据拓本重刻了一块，但也在唐末毁佚。虞世南写碑文的时候69岁，书法造诣正是巅峰时期，这块碑的拓片被后世争相收藏。宋代黄庭坚诗里形容"孔庙虞书贞观刻，千两黄金那购得"，说明原碑拓片珍贵。

正是因为这块石碑太吸引人，所以宋代的王彦超又根据武则天时期的刻本原样摹刻，不过在碑末注明了"王彦超再建，安祚刻字"。这块碑完成之后存放在碑林，世称"西庙堂碑"。为什么叫西庙堂碑呢？因为，在山东成武还有一块宋元时复刻的《孔子庙堂碑》，世称"东庙堂碑"（拓片叫成武本）。两块石碑书法上最明显的区别是西庙堂碑的字体宽硕，字口较深，笔画稍粗，而东庙堂

○《孔子庙堂碑》拓本上"干戈载扬"中"戈"和"载"都体现了虞世南书法的特色

碑字体较瘦长，笔画匀称稍细，刻画稍浅。

历朝历代有叫孔子"夫子"的，有叫孔子"文宣王"的，这里叫《孔子庙堂碑》是因为碑额上用篆书阴刻了"孔子庙堂之碑"六个字。武则天重立的石碑上则刻着"大周孔子庙堂之碑"。《孔子庙堂碑》碑文的书法和后来的楷书有着明显的区别，不完全讲求精准的结构和字体大小的趋同，明显有魏晋楷书的风格，笔画筋骨遒劲而又清逸萧散，章法字体依笔画收放。所以翁方纲评价其"会通晋唐书家正脉，直溯山阴"。有兴趣的朋友可以找碑帖专门看看末尾"干戈载扬"的"戈"字（原碑上字迹受损）。因为据说李世民觉得"戈"字难写，有一次写"戬"字，专门将右边的"戈"空下，然后让虞世南补上。后来魏徵看后评价"今仰观圣迹，唯戬字'戈'法逼真"让太宗更加叹服虞世南的书法造诣。

石经初迁在何时 ◆《重修文宣王庙记》

自从汉武帝罢黜百家，尊崇儒术以后，历朝历代都注重兴办官学，修建孔庙。西安碑林里保存了许多关于维修府学、孔庙的记录碑石。除了有名的《孔子庙堂碑》，还有自唐代至明清的十余块碑石，展示出了各个时代的书法艺术和故事。

唐末韩建将长安城缩小到原来三省六部所在的皇城城墙内的范围，当年立在国子监的《开成石经》就落在了城外的郊野。五代后梁开平三年（公元909年），刘鄩防卫长安时，他的幕僚尹玉羽建议将《开成石经》移到城内，避免敌军来时砸碎石经充当攻城的投石。于是《开成石经》被迁到城内原先唐代尚书省的西隅（大致在今天西安市钟鼓楼广场西边），当时的孔庙——文宣王庙也建在这里。

北宋初年，京兆尹王彦超看到《开成石经》所在的文宣王庙荒芜破败，于是组织修缮，并在建隆三年（公元962年）刻立了《重修文宣王庙记》，记录

○ 西安碑林孔子像刻石

西安碑林的孔子像刻石是清代果亲王允礼于清雍正十二年（公元1734年），送达赖喇嘛回西藏途中，在西安停留期间刻立的。碑身高达295厘米，碑额篆书"至圣先师像"五字。清朝入关后，先是确定孔子的谥号为"大成至圣文宣先师"，之后在顺治十四年（公元1657年）改为"至圣先师"，一直使用到民国时期，又改为"大成至圣先师"。

了这件事。碑文中写道:"太尉许国公时为居守,才务葺修,遂移太学并石经于此。露往霜来,雕墙半圮……见斯文之不坠,我太师令公禀岳秀川灵之英概,负虎眉犀额之雄标,张智勇以立邦,立诚明而驭下。"其中的"太尉许国公"指的是曾经在唐朝任职检校太尉、受封许国公的韩建。而看到"露往霜来,雕墙半圮"开展修缮的"太师令公"则是王彦超自己。称孔子庙为"文宣王庙"是因为从唐代封孔子为文宣王开始,孔庙也就一直称"文宣王庙"。直到明世宗去掉孔子王号,改成我们熟悉的"至圣先师"。《重修文宣王庙记》不但记载了重修后孔庙的华丽,也记录了《开成石经》这次重要的整修。

修缮后将《石台孝经》居中,《开成石经》围绕其周围放置,还一并保存了其他一些唐代的著名碑刻。可能是王彦超看到这些碑刻中少了在唐代就损毁的虞世南《孔子庙堂碑》,于是就用拓本翻刻了一块。所以《孔子庙堂碑》和《重修文宣王庙记》上王彦超的署衔都一样,加上标点是"推诚奉义翊戴功臣、永兴军节度管内观察处置等使、特进检教太师、兼中书令、京兆尹、上柱国、琅琊郡开国公、食邑四千五百户食、实封一千三百户",除去获封的食邑,有七个头衔。这些历任和兼任的头衔对古代官员很重要,绝不仅仅是落款用,官员们出行时,前面举的一堆牌子上写的就是这些。很多影视剧里

○ 今天西安鼓楼下就是《开成石经》和《石台孝经》最初搬入新城的地方

○ 《开成石经》等石碑搬入韩建的新城后最初放置在"唐代尚书省"

面的"肃静、回避"有些简单了。

王彦超不但有效地修缮了孔庙和《开成石经》，在宋史里也留下了不少故事。他和北宋开国皇帝赵匡胤的父亲是好友，所以他担任复州（今天的湖北省仙桃市）防御使的时候，赵匡胤就去投奔他。然而王彦超只是给了赵匡胤十贯钱打发他离开。后来赵匡胤当了皇帝，找了个机会和王彦超聊这事说："朕昔日来复州投靠你，你为什么不接纳我？"王彦超听到皇帝问，赶忙降阶顿首回答说："浅水怎能藏住神龙？当日陛下没有留滞在小郡，这实在是天意啊！"听了这个回答，赵匡胤十分满意，也就不再追究。后来宋太祖赵匡胤搞"杯酒释兵权"，宴会上王彦超最先领会赵匡胤的意图，当即表示愿意告老还乡。如此懂得皇帝的心思，因此他的晚年过得非常不错，以太子太师之职致仕，但依然一直兼领着右金吾卫上将军的俸禄，死后还被追赠为尚书令。

宋代陕西叫什么 ◆《永兴军新修文宣王庙大门记》

唐末韩建缩建新城时一并将国子监和孔庙迁到了新城之内，迁来的孔庙成为京兆府城的文宣王庙，直到宋朝。刻于宋真宗大中祥符二年（公元1009年）的《永兴军新修文宣王庙大门记》上记载："斯庙，古国学也……故地虽易，旧名尚存，是以民到于今或以监名呼之。"是说文宣王庙旧时是国子监，现在虽然搬地方了，但是原来的名字还在用，百姓依然习惯用国子监称呼这里。

宋史里常出现"永兴军"这个词，范仲淹、司马光和主持刊刻《重修文宣王庙记》的王彦超等人都曾经"知永兴军"或"节永兴军"。这里的"军"不是军队，而是宋代的行政区划，也称"军路"，类似于唐朝的"道"、后来的"省"。宋朝疆域最大时设了23个军路，永兴军路的范围以陕西为中心，涵盖了甘肃、山西、河南的一部分地区，治所在京兆府（今天的西安市）。当年还有一位大文人也曾经"出知永兴军"，这就是为《永兴军新修文宣王庙大门记》撰文的孙仅，他的名句"秦帝墓成陈胜起，明皇宫就禄山来"，生动地描述了长安发生的两次巨大的朝代更迭。同时，他在《永兴军新修玄圣文宣王庙大门记》中记录："石壁外周，既异乎藏书之所，苔碑中立，又殊乎丽牲之具。"让我们了解到，当初《开成石经》是围绕着《石台孝经》排列的。

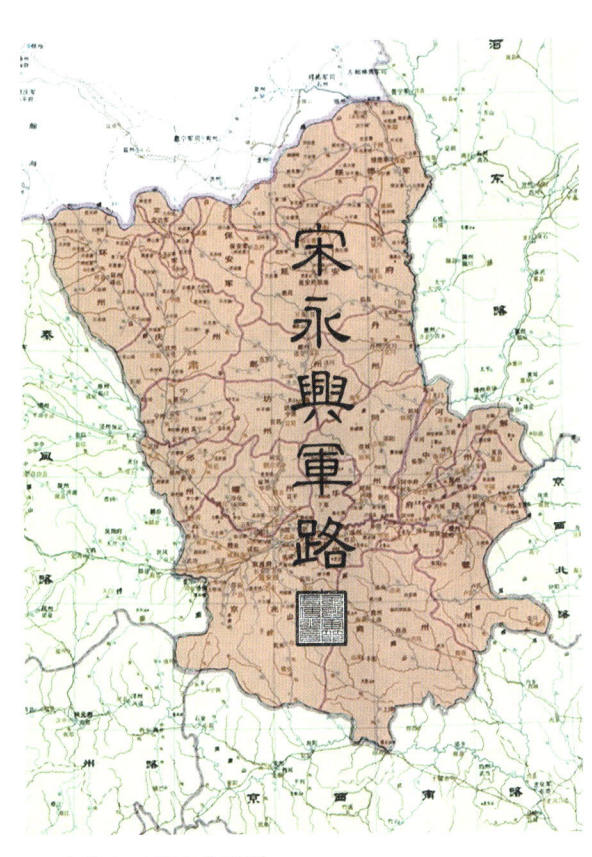

○ 北宋永兴军路范围图

碑林最初如何布局
◆《京兆府府学新移石经记》

孙仅主持修缮后将近一个世纪，王安石推动"熙宁元丰兴学"，京兆孔庙也迎来了大规模的搬迁和修缮。先是宋神宗元丰三年（公元1080年），主政永兴军路的吕大防将孔庙和府学的一部分搬迁到西安府城东南的碑林现址。紧接着，宋哲宗元祐二年（公元1087年），时任陕西转运副使的兄长吕大忠将《开成石经》等碑刻也迁过来，正式创立碑林。后来，宋徽宗崇宁二年（公元1103年），京兆知府虞策将府学剩余部分迁到府城东南，彻底与孔庙、石经合于一处，并修建和改造，形成了我们今天看到的格局。明代城市东扩，所以宋代描述的"府城东南隅"和今天碑林相对于城墙的位置有所不同。

元祐二年搬迁《开成石经》等碑刻时，同时还修建了保护碑石的房屋、廊、亭等建筑，并且排列了陈列的次序。为此专门刻立了《京兆府府学新移石经记》碑，由府学的教授黎持撰文，请来书法名家安宜之书写，记录了《开成石经》等经过两次搬迁来到这里的由绪。自此《开成石经》与唐玄宗的《石台孝经》、颜真卿的《颜氏家庙碑》、褚遂良的《孟法师碑》、柳公权的《玄秘塔碑》等天下书法名作，共同组成了石碑林立的艺术宝库，延续千年至今。

○ 西安碑林《京兆府府学新移石经记》中记载石经搬迁原委的部分

○ 西安碑林《京兆府府学新移石经记》的拓片

为什么宋代称孔庙为"文宣王庙"呢？这是因为宋真宗在大中祥符元年（公元1008年）封禅泰山并谒祭曲阜孔庙，封孔子为"玄圣文宣王"，并写了诏文立在曲阜孔庙。同时他还"奉敕道诸州府军监各于玄圣文宣王庙刻御制赞并诏"，于是就有了西安碑林的《玄圣文宣王赞》碑，也有了京兆地区的永兴军路重修孔庙并竖立《永兴军新修文宣王庙大门记》碑的事情。

《玄圣文宣王赞》分两部分，上半部分是"赞文"，下半部分是"号诏"，另外还有小字的"记文"。提起宋代皇帝的文采，多数人会想到宋徽宗。事实上，宋代皇帝的文化水平都不错，宋真宗在寇准打了胜仗的情况下，签订了屈辱的"澶渊之盟",说明确实刚武不足。但是他"书中自有颜如玉"的名句也显出了不浅的文学造诣。《玄圣文宣王赞》变化而不失清秀的行笔,也体现了北宋的书卷气。

金代也靠儒学治天下 ◆《京兆府重修府学记》

岳飞被迫害后,南宋在公元1141年和金国签订《绍兴和议》,割让了大散关以北,陕西地区就成了金国的京兆府路。当时金国已经册封留在山东的孔子后代袭承衍圣公,金熙宗又亲自拜谒曲阜孔庙并下诏尊孔,西安的孔庙因此得到有效的维护,还留下不少记录的石碑。

金贞元三年(公元1155年)重修了京兆文庙和府学,之后在金正隆五年(公元1160年)又重修了保存碑刻的碑院和七贤堂,分别刻立了《京兆府重修府学记》与《重修碑院七贤堂记》两块石碑。《京兆府重修府学记》中还追述了北宋时期《开成石经》等碑刻与府学的搬迁。而之后的《重修碑院七贤堂记》则更详细地记载了当时保存碑石的碑院。成吉思汗西征中亚后,金国的陕西行省在和蒙古军队的作战中取得了胜利,得到了一段比较平和的发展期,又重修了府学和碑石,并加大了教育投入,使得

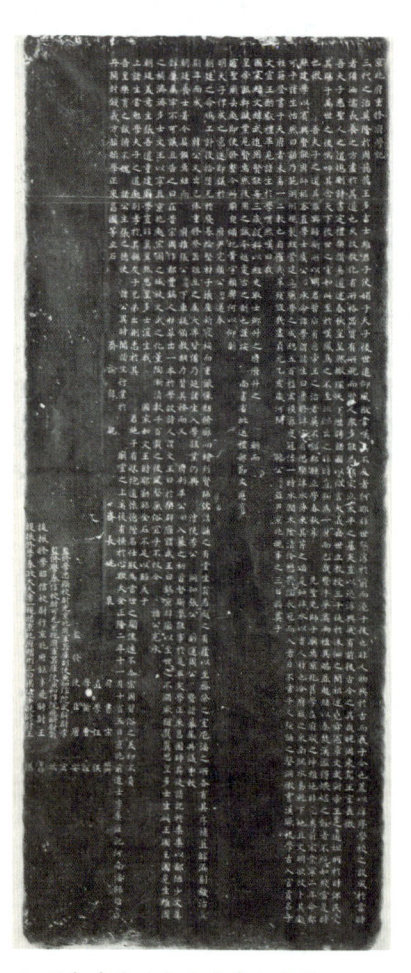

○ 西安碑林《京兆府重修府学记》

○ 《京兆府重修府学记》的拓片中追述北宋《开成石经》等碑刻与府学搬迁的碑文

《京兆府重修府学记》的碑文中称《开成石经》等石碑在"府城之坤维",称北宋为"前宋"使用了北宋的年号"崇宁二年"。

在蒙金战争中凋敝的府学得到了部分恢复。这些事都记录在了正大二年（公元1225年）的《重修府学教养碑》上，书写碑文的杨焕是著名的文史学家，碑林还保存有一方他书写的《刘章墓碣》等。

元代孔子的地位 ◆《重立文庙诸碑记》

元代对汉文化吸收缓慢，但是也和其他朝代一样给孔子封号，修缮孔庙。统治关中的一百多年，先后八次修缮京兆文庙，其中还专门两次整修碑林。在至元十四年（公元1277年）刻立的《重立文庙诸碑记》的碑文中专门描述了碑林的形成过程和当时的收藏规模。碑文中的"秦丞相李斯暨阳冰之小篆，晋右军王羲之之行书，唐颜真卿、柳公权、虞世南之真楷，宋郭忠恕、僧梦英之众体"等记录是研究碑林历史的重要资料（《重立文庙诸碑记》与《府学公据》同在一块碑石上）。大德十一年（公元1307年）朝廷加封孔子为"大成至圣文宣王"，当时的陕西诸道行御史台侍御史赵世延亲自撰文书写了此事，在皇庆二年（公元1313年）刻了《加圣号诏碑》立在文庙大成殿前。这块碑不是碑林最早刻立的石碑，但是它显示的历史却非常古老。因为它的石料虽然产自西安周边，但上面有不少已绝灭的海生无脊椎动物菊石的化石，显示出了这里沧海桑田的一面。

○ 西安碑林《加圣号诏碑》上的菊石化石

即使在元朝末年各地起义时，陕西还是尽力修缮了一次文庙，并且在至正二十四年（公元1364年）竖立了《粤惟泮宫》碑，记述遭遇兵灾风雨的文庙被修缮一新的情况。这块碑的名字比较生僻，需要拆成"粤惟"和"泮宫"。"泮宫"原指诸侯国的学府，元代时这里不是国都，所以用"泮宫"来形容西安孔庙，今天西安碑林的"泮池"据说也是在元代初建。这块碑的碑文中还明确指出了"宣圣

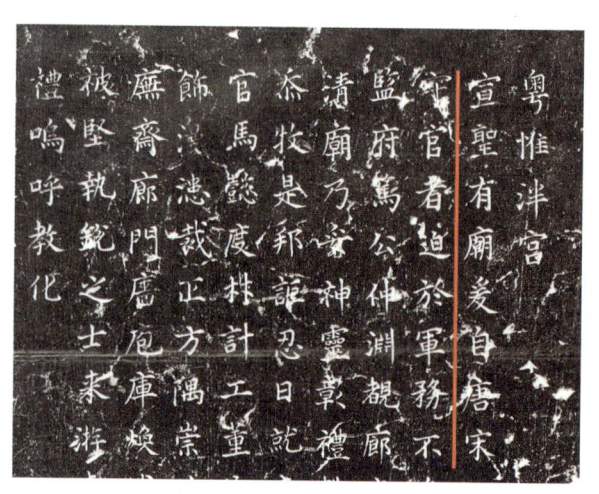

○ 西安碑林《粤惟泮宫》开始部分明确提出"宣圣（孔子）有庙爰自唐宋"

(孔子)有庙爱自唐宋"。两年后陕西行省还坚持整修了文庙、府学、碑林，竖立了《重修文皇圣庙记》碑。这时候明军已经开始北伐，在政权风雨飘摇的情况下，陕西行省坚持修缮文庙，说明对孔家还是相当认可的。

明代开始称碑林 ◆《重修西安府儒学文庙记》

大明洪武二年（公元 1369 年）三月，徐达率领大明的军队进入奉元城，改称西安府。西安碑林也在经历二百余年少数民族统治之后，回归汉人的管理。明代先后 11 次大规模整修了碑林、文庙和府学，这时"碑林"已经区别

○ 1954 年碑林大成殿前的《重修西安府儒学文庙记》

大成殿在 1959 年焚于雷火后，改成广场。今天广场立有两通石碑，一通为元代的《加圣号诏碑》，一通为《重修西安府儒学文庙记》。

于孔庙和府学以独立的名称出现。明成化九年（公元1473年），陕西巡抚马文升组织孔庙及碑林的大修时，又对碑石的位次做了适当调整，"高卑大小举以发"，刻立了《重修西安府儒学文庙记》。组织修缮的马文升在陕西任巡抚期间还将长安县学迁到府学西侧，促成了府学与县学同处一地的局面。

嘉靖三十四年（公元1555年）关中发生大地震，《开成石经》等名碑多有倾倒、折断。于是在明万历十六年（公元1588年），陕西左布政使姚继可下令补救毁坏的碑石。根据《重修孔庙石经记》记载，整个工作由府学和县学的师生承担，《开成石经》上损坏的文字都照原样补刻在小石块上，一共补刻了97块放在石经旁。推动这事的姚继可之前担任湖广布政使时正赶上张居正死后被抄家，不少人落井下石，姚继可却竭尽所能保护了张居正的家人。要知道在多年前的"俺答封贡"中，他曾因政见不同被张居正打压。现在他能不计前嫌，显示了人品。

清朝的严格管理 ◆《别驾韩公考证位次碑》

清军进入北京后，衍圣公孔衍植奉上了《初进表文》，一年后又呈上《剃头奏折》，清廷十分满意，不但保留了明朝对孔家的待遇，还详细制定了祭祀孔子的制度。古时孔庙摆放的不单是孔子的排位，还有很多儒家子弟，并且要按照固定的位次排列。康熙二十三年（公元1684年），凤翔别驾韩北城考证了西安孔庙的一些位次，并且捐出自己的俸禄做成碑图以便查阅，这就是《别驾韩公考正位次之碑》。碑文述了考证之位次的事，顺便颂赞了他的政绩。石碑的文字由晋文煜收集欧阳询的楷书篆刻，碑头上刻有三只喜鹊与寒梅，题名"三公论道"。"三公图"的寓意是位列三公，仕途通达，一般画三只公鸡，这里用三只喜鹊配梅花，又形成了"喜上眉梢"。

清代碑林经常墨拓碑石，因此被称为"墨洞"或者"碑洞"。为了保护和管理，还专门对重要的碑石登记造册，刻立了《石刻拔萃》。"石刻拔萃"

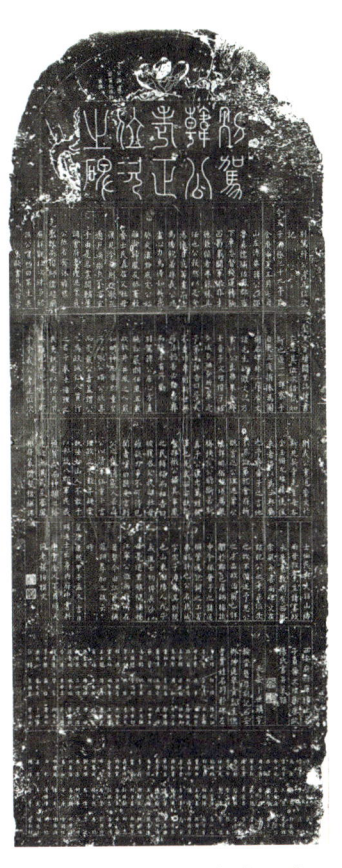

○ 《别驾韩公考正位次之碑》的碑额

○ 西安碑林的《别驾韩公考正位次之碑》

是碑额的名字，正文叫"西安府碑洞石刻目录"，分五栏列出了当时碑林收藏的70种碑石，详细记录了名称和书写者。

碑林的"碑"字该怎么写

◆ 《碑林》牌匾

碑林的具体位置是在孔庙（文庙）大成殿的后面，入口的标志就是《石台孝经》碑亭以及上面所悬挂的"碑林"匾额。这块匾额是鸦片战争后林则徐被发配新疆时，途经西安所书写的。很多游客都会发现"碑林"的"碑"字上方少写一撇，"卑"的上方写成了"田"字。这当然不会是林则徐写错字，他20岁中举人、27岁中进士，还是功力深厚的书法家，自然会写"碑"字。有人猜这是林则徐因为自己丢了乌纱帽而有意为之，这样的猜测更是对这位谥号"文忠"的爱国者的误解。

其实，这个谜题的答案非常简单。碑林内的唐代名碑上，"碑"字大多没有那一撇，例如柳公权的《玄秘塔碑》、颜真卿的《多宝塔碑》等。碑林博物馆曾经在整理第六展室外的残断碑石时，发现林则徐临摹的《皇甫诞碑》。对比当时拓印的拓片，"碑"和"林"两字的写法和入口碑亭上的如出一辙，也没有撇。《书法大字典》上魏晋至唐的名家写的"碑"字上边基本都没有撇，直到宋代以后才渐渐有了撇。林则徐临习欧体，当然会按照唐代写法题字。

西安碑林里还有林则徐的其他书法，例如《临九成宫碑》等，多是欧体楷书。也有他造诣颇高的行楷，例如《游华山诗》。当时林则徐受"邑侯海珊姜君招游华山"并赋诗，其中的"荡胸自有层云生，秀语岂徒夺山绿"抒发了他对大好河山的眷爱。碑林收藏不少林则徐的题字，与当时的陕西巡抚李星沅也有关系。李星沅在林则徐之后任江苏巡抚，还支持禁烟与抗英，林则徐在陕西期间他给了很多照顾。西安碑林里有他摹写的《吕道人书一笔"寿"字》。吕道人指的是上洞八仙之一的吕洞宾，据说他写"寿"字一笔九转，寓意是"九转丹成"，初看是"寿"，细看为"丹"。不但碑林里李星沅摹写的

○ 西安碑林《石台孝经》碑亭上的"碑林"牌匾

○ 西安碑林《石台孝经》碑亭

○ 20世纪30年代的碑林入口和"碑林"两字牌匾

是这样，在全国很多地方都有这样的"寿"字石刻。

林则徐离开陕西时，将妻子和儿媳们留在西安。分别时他写了《赴戍登程口占示家人》一诗，其中的"苟利国家生死以"成为脍炙人口的名句。走到甘肃时，小儿子林拱枢的妻子在西安生下男孩。林则徐根据途经的崆峒山为孙子起名"贺峒"。后来林拱枢的曾孙辈里一个叫林墨卿（后改名林凌青）的担任了新中国的外交官，并且向联合国递交了中国收回香港的文本，见证了因鸦片战争被割让的香港的回归。林则徐开启了一段历史的起点，他的玄孙则见证了一段历史的终点。

秦王铜狮守护的石刻展厅 ◆嘉靖三十八年铜狮

很多人都以为西安碑林博物馆的珍贵文物都是石碑，其实这里还有大量的造像雕刻。这些精美的艺术品都存放在馆内的西安石刻艺术室及石刻艺馆里，反映了帝都长安杰出的石雕艺术。大家喜欢将陈毅题词的西安石刻艺术室称为老馆，将后来建的石刻艺术馆称为新馆。老馆放着有名的昭陵六骏等陵墓石刻，新馆中的造像是佛教艺术精华，就连石刻艺术馆门前的一对铜狮子也是明代文物。

这对狮子在明代嘉靖三十八年（公元1559年）铸造，最早立在明秦王府南门外，李自成攻入西安后，它们给大顺王府当门卫。清军进城后，它们又在满城站岗。直到雍正年间川陕总督年羹尧重修城隍庙，把它们移到了城隍庙牌楼前。牌楼被毁后，铜狮移到碑林。当时负责铸造铜狮的是造钱的陕西铸币局，狮子身上还铸有和嘉靖通宝一样的铜钱。它们自诞生至今历经六百余年，守卫过古城很多地方，最终安心在这里陪伴长安的历史和艺术。

巧合的是，这里离狮子的诞生地明代"钱局巷"也很近，是东南城区里一条南北巷。北临东木头市，与骡马市隔街相望，南抵城墙脚下顺城南路，和书院门、三学街相交，长近四百米。明代设钱局于此处，因此称钱局巷，后来"钱局"迁走，到清中期时，便谐音雅化成了安居巷，寄寓着安居乐业的美好寓意。

○ 西安碑林石刻艺术馆前的秦王府铜狮子　　○ 狮子身上的铜钱

四

关中学风
——报国和做人的原则

○ 书院门牌坊内的陕西省西安师范附属小学校门
　　西安师范附属小学前身是依托关中书院在1908年创建的"陕西师范学堂附属两等小学堂"，质朴的青砖校门内一代又一代的教书育人事业在这里延续。

为天地立心，为生民立命 ◆ 张载的《东铭》《西铭》

　　碑林所在的书院门得名于关中书院，这座明清两代的著名书院建于明万历年间。当时关学大儒冯从吾因为直言进谏而罢官回到西安，陕西布政使等地方官员筹资为他修建了关中书院以方便讲学。冯从吾讲的是关学，属于宋明理学中的"气本论"，认为宇宙的形成是由太虚造气，由气造万物。"关学"

是关中之学,因为创始人张载世称"横渠先生",因此也称"横渠之学"。张载的横渠四句"为天地立心,为生民立命,为往圣继绝学,为万世开太平"语言精练简单,寓意恢宏大气,代表了关学的情操和抱负。当时张载还写了《正蒙·乾称篇》,将其中的《砭愚》和《订顽》挂在书房的东、西窗户上作为座右铭。后人将《砭愚》称《东铭》,《订顽》称《西铭》。西安碑林就保存着清代刻的《东铭》《西铭》,书写其中一块碑文的吴荣光是著名汉学家,不仅做官,还创办了湘水校经堂,最重要的是他亲自教的学生里有一个青年叫左宗棠。

○ 关中书院入口

养天地正气 ◆ 榜书《天地正气》

湘水校经堂注重传授务实的学问，左宗棠学得也很好。多年后，林则徐从陕西还乡经过长沙时，接见了左宗棠。这个中年人的学识和远见让林则徐与他长谈一夜，还赠送了自己在新疆整理的资料和地图，嘱咐说："西定新疆，舍君莫属。"回到福建后林则徐身染重病，专门让次子林聪彝代写遗书，向朝廷推荐左宗棠，使咸丰皇帝开始关注这个两江总督府曾经的幕僚。二十几年后，正是这个人抬棺西征，收复了新疆。

光绪十一年（公元1885年），距离夜会林则徐已过去35个年头，不再年轻的左宗棠看到林则徐留下的"苟利国家生死以，岂因祸福避趋之"两句诗，提笔写下了"天地正气"四个大字。今天在西安碑林看这块石碑，柳体的行书中稍参欧体的用笔，每个字都坚实而自如，有傲岸之气。

"天地正气"原本出自《孟子》中的"况浩然者乃天地之正气也"，指养生之道，文天祥《正气歌》将这四个字赋予了品德和气节，张载、冯从吾、林则徐、左宗棠这些人都在身体力行地践行这种精神。碑林的青石上所记载的，并不只是精美的文字，还有很多精忠报国的故事。正如孙中山先生那副有名的对联"养天地正气，法古今完人"。

○ 西安碑林左宗棠榜书"天地正气"拓片

陕西的教育方针 ◆《谕陕西官师诸生檄》

北宋景祐二年（公元 1035 年），主政永兴军路（陕西）的范雍离任前给朝廷上了一份札子，总结了自己管理下府学教育的发展，还阐述了培养人才的思路，这就是《永兴军中书札子》碑。宋明时期陕西教育发展得不错，官员中也有不少优秀的教育家。明代理学家之一的孙应鳌就曾担任陕西提学副使，其间他写了《谕陕西官师诸生檄》，提出了"崇制、订学、论心、立志、破迷、修行、规让、饬礼、励勤、戒速、博理、讲治、进业、惇友、养蒙、严范"十六条教育治学主张，这篇檄文被刻成石碑立在碑林，成为陕西后来的教育方针。一同刻立的还有评价乡试情况的《陕西嘉靖四十年乡试题名碑》、《讲院种柏记》刻石、借种菊而发"进士子于性命"的《菊记碑》、《鲁司寇孔子像并题》刻石等。在宋代摹刻的吴道子绘孔子像上方，孙应鳌用题记的方式指出了当时儒学求形而不求本真的流弊，对理学的发展具有积极意义。作为王阳明心学的门人，孙应鳌提出无欲即天理，他的老师徐樾所在的泰州学派则主张先正己再格物。"正己格物"本来是传统理学的东西，在王阳明引领下，大家都积极探索如何做人。明代钟化民刻立在万历十六年（公元 1588 年）的《正己格物说》就反映了这种讨论的根本：如何让一个人自觉地做一个好人。

在《正己格物说》的背面，还刻立了钟化民的《圣谕图解》，图文并茂地阐述了朱元璋的圣谕六训：孝顺父母，尊敬长上，和睦乡里，教训子孙，各安生理，毋作非为。

○ 西安碑林《正己格物说》拓片

○ 西安碑林《圣谕图解》碑拓片

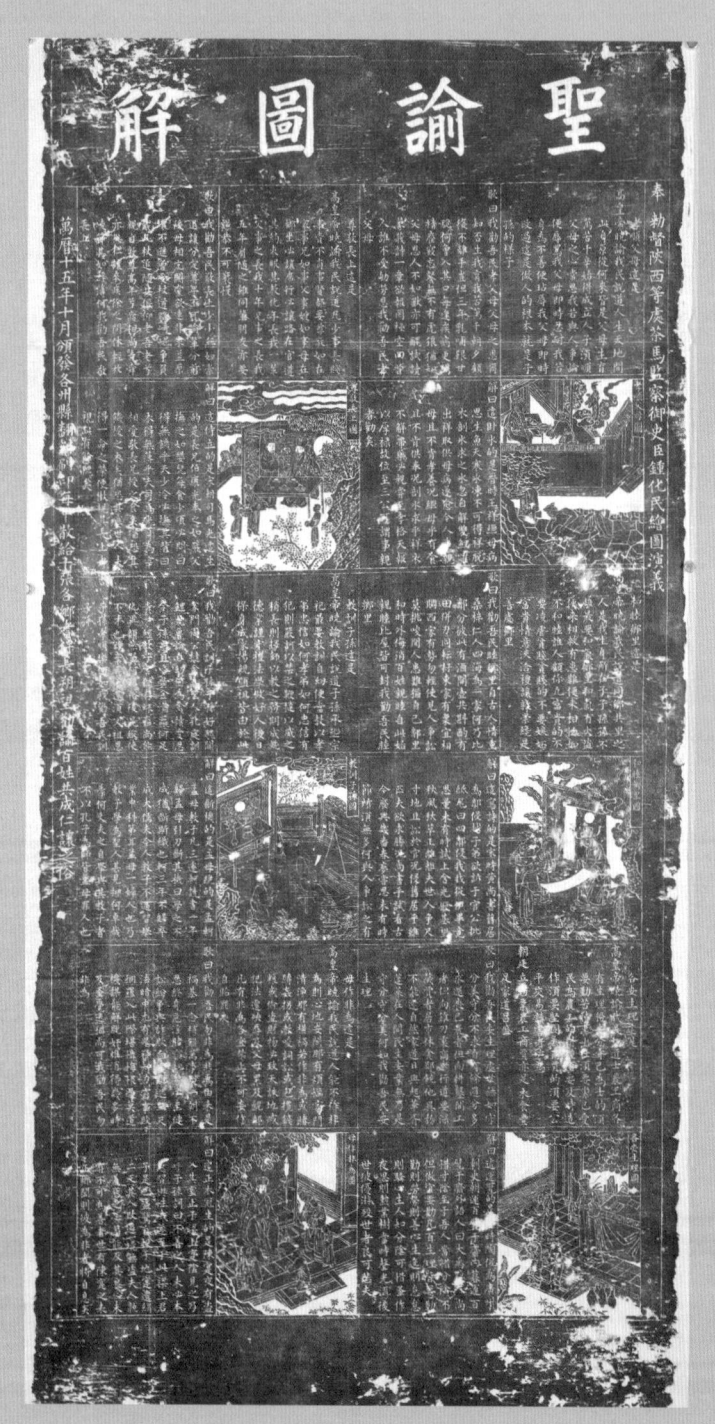

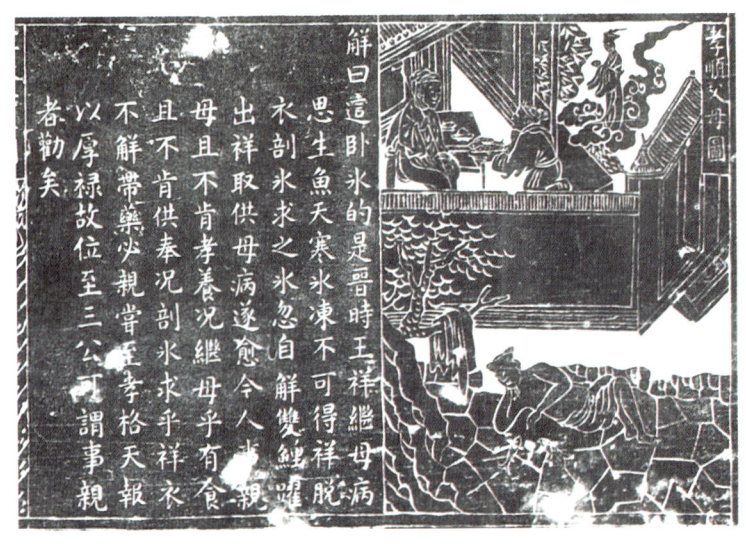

○ 《圣谕图解》中取材自二十四孝《卧冰求鲤》的"孝顺父母"文配图

书院的格局 ◆ 关中书院

关中书院由当时宝庆寺东边的"小悉园"改造增建而来,设有大门、二门、允执堂(讲堂)、左右寮房和东西号房等全国各地书院常见的功能建筑。冯从吾在这里讲学近10年,从学者多达5000余人。天启五年(公元1625年)魏忠贤"刊党籍,尽毁天下书院"时关中书院也被关闭,直到清朝时才恢复。康熙年间扩建书院,在正南门竖立了题额"关中书院"的石牌坊,后来的乾隆又给书院题写匾额"秦川浴德"挂在正堂。也正是乾隆时期,毕沅从江宁请来进士戴祖启做书院主持,选拔了大批陕西才俊在这里学习。在南方文风渐盛的清代,这对于西北落后的教育有极大的提升意义。光绪二十一年(公元1895年)康有为与梁启超"公车上书",陕西参加的55名举子中,多数曾就读于关中书院。

后来,关中书院在光绪二十九年(公元1903年)改为陕西第一师范学堂,以中学为主,西学为辅,成为当时西北五省的最高学府。牛兆濂、邵力子等

○ 牛兆濂

牛兆濂先生是清末民初关中学派的代表人物,他曾在关中书院就学,也曾在此授业。很多人都知道他是有名的关中大儒,少有人知道他不但是小说《白鹿原》里白嘉轩的精神导师朱先生的原型,还是近代有名的"汉服党",一直都是道骨仙风的装束。

○ 邵力子

邵力子先生是清末举人,留学日本时加入同盟会。他曾担任陕西省政府主席,也曾在辛亥革命后于"陕西省立第一师范学校"教学。他曾亲历西安事变与重庆谈判,为抗日民族统一战线做出了重要贡献。而他对近代中国历史最大的影响,就是和蔡元培等人一起推动了"手头字"运动,最终形成了今天我们常用的简化字。

○ 关中书院的两道门厅及"秦川浴德"匾额

著名学者曾在此执教。辛亥革命后，先后改称"陕西省立第一师范学校"和"陕西省立西安师范学校"。现在这里作为西安文理学院的一个校区，当年的不少建筑依然存在，延续着教书育人的职能。

古代的学生守则 ◆《京兆府小学规》

中国古代的教育分小学和大学，小学大多附属于州学或县学，教导八岁至十二三岁的儿童，经费由官方拨付，要求也比较严格。保存在西安碑林的宋代《京兆府小学规》刻在宋代《篆书目录偏旁字源碑》的背面，规定很详细，包括如何见教授（面试），投家状及保状（家庭背景审核和担保），申学官押署登记入簿（登记学籍）等入学手续。入学后还要选出"学长"（班长和课代表）来"传授诸生艺业及检点过犯"，学生按成绩分三等，分别提出要求，很像曾经流行过一段时间的"快慢班""尖子班"制度。碑文还规定了学生犯错误时如何惩罚，例如"年十五以下，行扑挞之法；年十五以上罚钱充公用"。简单说，就是十五岁以下打，十五岁以上罚款。

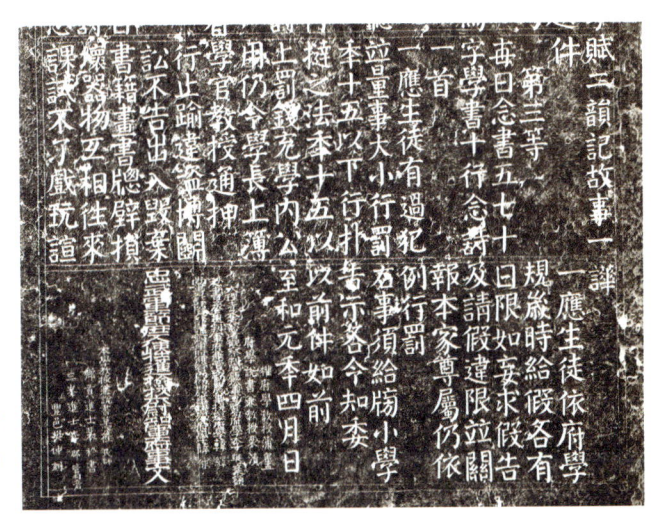

○ 西安碑林《京兆府小学规》中罚则的部分

○ 碑林博物馆外三学街上的笔墨乾坤

五

石上刻文史
——十三朝的风致

○ 西安碑林展室内的历代名碑刻

秦中自古帝王州 ◆《关中八景》

西安的导游常给游客介绍"关中自古帝王都、陕西的黄土埋皇上",作为古丝绸之路的时空源头,无论是博物馆中的件件国宝,还是黄土地上的座座帝陵,都在述说着十三朝古都的辉煌。其实"关中自古帝王都"是杜甫说的,原话是"秦中自古帝王州"。在安史之乱之后,杜甫离开成都到夔州(今天的

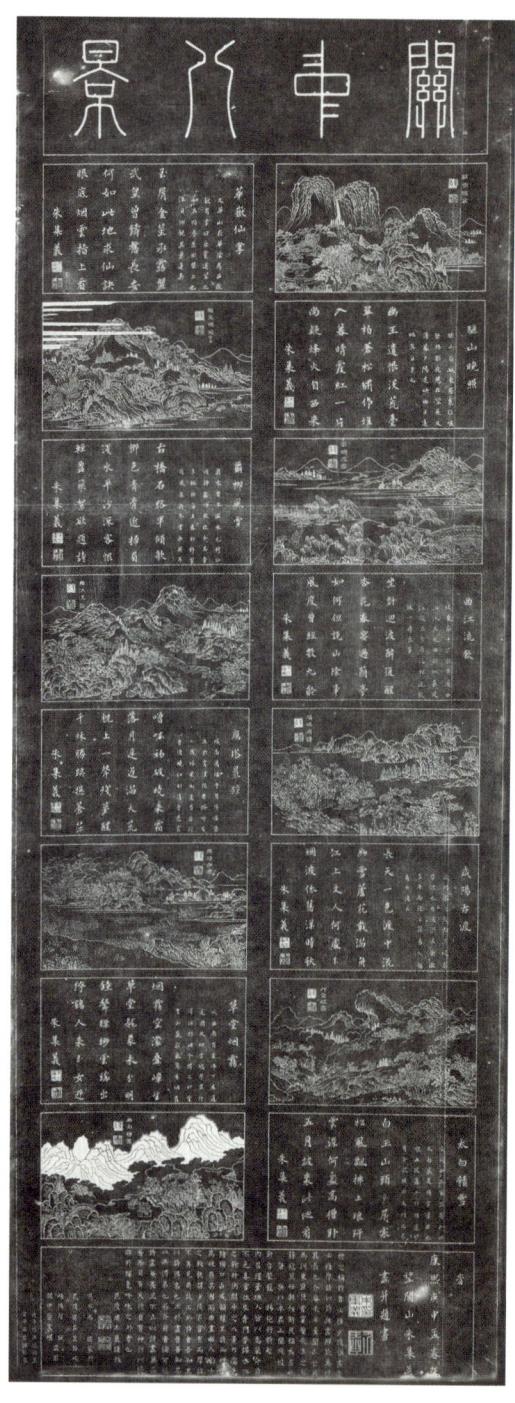

重庆奉节），在都督柏茂林的照顾下，诗圣度过了人生中一段安逸的时光，两年作诗四百多首，在小说及同名电视剧《庆余年》里大家传诵的"万里悲秋常作客"就写在这一时期。同时，诗人心系动荡的国运，从巫山巫峡遥想帝都长安，创作了《秋兴八首》。其中第六首追忆曲江盛景，发出了"回首可怜歌舞地，秦中自古帝王州"的感慨。

多个王朝定都长安有很大的地理原因，南依秦岭的关中平原农业发展早，居高临下俯瞰中原。函谷关、潼关、大散关、剑门关等都是利于防守的地形，最早苏秦就说"秦，四塞之国，被山带渭"，古人也常用"山河四塞、百二秦关"来形容这里，意思是秦地依托四面的关隘，两万人就能对抗百万。关中大地上山河襟带的景观在唐代就被文人墨客用诗词描述过，到宋元时期出现了集合地理景观、融入人文诠释的

○ 西安碑林清代《关中八景》刻石拓片

关中诸景名称，明代称"长安十景"，清代正式确定为"关中八景"。

目前最权威的出处来源于西安碑林的《关中八景》刻石，全面地展现了关中的山河地理和历史文化。这块刻于康熙十九年（公元 1680 年）的石碑为每一处景观都作了画并配了诗，用诗和画的形式描述了人们心中的山河表里。整个石碑分成十六格，每处景观一格景一格画。作者朱集义当时在陕西大荔做官，喜爱游览山水名胜，因而咏绘并刻立了《关中八景》刻石，八景分别是：

（一）华岳仙掌

玉屑金茎承露盘，武皇曾铸旧长安。
何如此地求仙诀，眼底烟雾指上看。

"仙掌"是西岳华山东峰上一处巨大的手掌印，数十里外都清晰可见。传说是河神巨灵为疏浚黄河推开华山时留下的，实际上是两种颜色的岩石在绝壁上形成的纹理。相传汉武帝曾派人寻访在华山修道的卫叔卿，看到他在石台上下博戏棋，所以诗里说"武皇曾铸旧长安。何如此地求仙诀"。后来又传说赵匡胤和陈抟老祖在山上下棋，输了华山却领悟了天下之道。今天在华山东峰上还能看到下棋亭，亭中的石桌上有赵匡胤的残局。想亲眼看到这盘棋，需要很大勇气，必须在峭壁上凌空爬过华山奇险"鹞子翻身"。

（二）骊山晚照

幽王遗恨没荒台，翠柏苍松绣作堆。
入暮晴霞红一片，尚疑烽火自西来。

指西安东边的骊山在夕阳西下时，云霞满天，落日的余晖给远近的山峦涂上一片金红，景色十分艳丽。作为秦岭余脉的骊山不高，但在中国历史上却非常有名。女娲在这里炼造"补天石"，周幽王在这里"烽火戏诸侯"，唐玄宗为杨贵妃在这里"春寒赐浴华清池"，直到近代这里还是西安事变中最重要的一地。今天"幽王遗恨没荒台"的烽火台还在，山下的华清池晚上也上演《长恨歌》的实景演出。

（三）灞柳风雪

> 古桥石路半倾欹，柳色青青近扫眉。
> 浅水平沙深客恨，轻盈飞絮欲题诗。

"八水绕长安"中的灞河是长安向东首先需要渡过的大河，河上的灞桥是当年送别友人之处。《三辅黄图·桥》记载："灞桥在长安东，跨水作桥，汉人送客至此桥，折柳赠别。"早在秦汉时期，人们就在灞河两岸筑堤植柳，并架了座"灞桥"。到了隋唐之际，灞河"杨柳含烟、灞岸春色"，纷纷扬扬的柳絮宛如雪花漫天飞舞。所以李白会在诗里说："年年柳色，灞陵伤别。"

（四）曲江流饮

> 坐对回波醉复醒，杏花春宴过兰亭。
> 如何但说山阴事，风度曾经数九龄。

曲江在秦汉时就已形成，隋代引入了东晋的"曲水流觞"风俗，唐代通

○ 今天的西安曲江池

○ 西安小雁塔荐福寺内的金代铁钟（室外悬挂的是复制品，真品在复制品后的钟楼里）

过黄渠引水，湖面广阔。每年新科进士在这里宴饮，放酒具漂在水上决定谁饮酒赋诗。宰相张九龄曾多次参加这样的聚会，他的籍贯是韶州曲江，所以就称他为"张曲江"。安史之乱后，唐玄宗逃到四川，想起张九龄曾劝他提防安禄山，不禁写下："蜀道铃声，此际念公真晚矣。来年卜相，曲江风度孰如之。"朱集义的配诗用"风度曾经数九龄"折射出了曲江所代表的大唐兴衰。

（五）雁塔晨钟

噌吰初破晓来霜，落月迟迟满大荒。
枕上一声残梦醒，千秋胜迹总苍茫。

这里的雁塔是指西安城南荐福寺小雁塔，塔下有金明昌三年（公元1192年）铸造的大铁钟，每天清晨敲钟"报晓"，洪亮的钟声在城内很多地方都能听到。这口钟原本在陕西省武功县崇教禅院，后来沉入渭河，在清代康熙年间被发现后"以巨车载之移置于上都大荐福寺"。当然，雁塔的钟声并不是清代才有，唐代的长安城每天早晨击鼓报时，寺院里也同时鸣钟。在钟鼓声中，大唐长安的宫门和城门便依次打开。

（六）咸阳古渡

> 长天一色渡中流，如雪芦花载满洲。
> 江上丈人何处去，烟波依旧汉时秋。

咸阳古渡指咸阳渭河渡口。自古以来人们西去大多在咸阳渡渭河。渭河水位随季节落差较大，所以常常舟桥并用。冬春多从便桥通行，夏秋两季则靠摆渡。历史上渡口经历了秦"横桥"、汉"渭桥"、唐"便桥"到明清"古渡口"两千多年的变迁。相比于从灞桥东去洛阳方向，从咸阳向西越走越荒凉。所以王维在送元二远赴安西都护府时，在这里写下了"劝君更尽一杯酒，西出阳关无故人"。

这首诗第一句"渭城朝雨浥轻尘"中的"渭城"指的是渭水边的咸阳古城。虽然今天的渭河桥头已难觅当年的古城墙，不过曾经傍城而立的"清渭楼"已经复建得非常宏伟。这座又称"咸阳西楼"的建筑，从秦汉开始就多次修缮或复建，见证了长安向西的繁荣与沧桑。很多人不知道的是，一千多年前，唐宣宗的监察御史许浑就是在这里看着日薄西山的大唐，写下了著名诗句"山雨欲来风满楼"的。

（七）草堂烟雾

> 烟雾空蒙叠嶂生，草堂龙象未分明。
> 钟声缥缈云端出，跨鹤人来玉女迎。

草堂寺创建于东晋，原为后秦皇帝姚兴在汉长安城西南所建的逍遥园，后来他迎来高僧鸠摩罗什在这里译经。关于"草堂烟雾"一直有两种说法。一种说草堂寺西南的圭峰经常有烟雾缥缈。另一种说法是，草堂寺内的古井

○ 西安草堂寺的烟雾井

在秋冬的早晨常冒出一股烟雾。今天在秋雨时节到访这里，还经常能看到古井中飘出的烟雾。离古井不远的一处八角亭内安放着鸠摩罗什舍利塔，这位有着"三寸不烂之舌"的一代译经大师，在这里译出了著名的"中观三论"，使这里成为三论宗的祖庭。

（八）太白积雪

> 白玉山头玉屑寒，松风飘拂上琅玕。
> 云深何处高僧卧，五月披裘此地看。

秦岭主峰太白山海拔3767米，"太白积雪"历来也有两种说法。一种说法是，太白山顶即使是三伏盛夏，也是皑皑白雪。另一种说法是，太白山顶由大片淡色的片麻岩组成，风化破碎后在海拔3200米以上的地方形成了一片白色的石海。古时"秦岭""终南""太白"都与参禅修道有着紧密联系，诗中"云深何处高僧卧"就说明了这样一种情况。

华山论剑与太白论道 ◆《太华全图》与《太白全图》

关中八景曾历次变化，但"华岳仙掌"一直在首位，显示了华山作为"五岳"之一的重要性。华山在《山海经》里就已经出现，得名于最高的东、南、西、北、中五座山峰像一朵盛开的莲花，在《尔雅·释山》里华山就作为西岳与东岳泰山并称。《书经》里说华山是"轩辕黄帝会群仙之所"，《资治通鉴》等书里也有"唐尧四巡西""舜三巡西"的记载。不过皇帝们虽然来得多，在唐代之前大都不上山，只在山下的西岳庙中祭祀。这是因为华山整体宛如一块巨大的岩石，四面陡峭难以攀爬。《唐国史补》中记录说："韩愈好奇，与客登华山绝峰，度不可迈。乃作遗书，发狂恸哭。华阴令百计取之，乃下。"有人考证韩愈当时被困在苍龙岭，唐代还没有开凿石阶（基本没有路），两侧的峭壁间最窄处只有几米宽，所以韩愈留在原地待援不算胆小。

正因为险，所以文人登临华山时多会作诗。明嘉靖四十一年（公元1562年），当时的陕西提学副使孙应鳌登山后就写了《华山诗》八首和《华山杂咏》十首，孙应鳌还用草书写成《华山诗》，和他另外五方关于教育的碑刻一起立在碑林。孙应鳌家族从曾祖父、祖父、父亲到他，都参加科举入朝做官。当年孙应鳌的曾祖孙瀚中举时，徐霞客的曾祖父徐经正准备次年赶考。孙应鳌《华山诗碑》立起60多年后，徐霞客也爬上了华山，评价这里如"俱片削层悬"般险峻。不知道徐霞客有没有感叹世事，因为和他曾祖父一起考试的人里，还有孙应鳌称为老师的王阳明。

相对孙应鳌的诗句，金庸先生的"华山论剑"天下闻名。常有读者疑惑，为什么要在华山论剑呢？武当、嵩山的武术渊源好像更深。有两个主要原因。一方面，发起人王重阳的重阳宫在西安，华山道教是全真教分支。另一方面，古代一般人很难登顶华山。虽然元代有道士开始凿长空栈道，但直到清代道路才通达华山各峰。

清康熙三十九年（公元1700年），当时的三秦观察使贾铉为了祈雨而攀登了华山，为此专门作诗立碑并刻上了华山地图《太华全图》，标注了各处山峰、古迹名胜、庙宇宫观等五十多处。这幅图对华山表现得相当清楚，和今天的游览图的视角和布局已经没有太大区别。结合碑林里另外一块乾隆时期的《华山记》来看，"自古华山一条路"在清代已基本形成。

碑文里还提到《太华全图》"与余太白山图并传焉"，说明碑林保存的《太华全图》和《太白全图》是同时刻制的，起因也是"登山求雨"。当时关中连

○ 西安碑林清代《太华全图》拓片　　　　○ 西安碑林清代《太白全图》拓片

续三年大旱，朝廷的钦差都来了。道家的三十六洞天中，华山和太白山分别是第四和第十一洞天，所以贾鉉爬这两座山求雨。清代太白山有不少僧人和道士，建有专门的庙观。碑林里的《太白山行纪》记载了清代嘉庆年间，陕西按察使胡枝蕙修缮太白山庙宇的事。不但主峰太白山，整个秦岭在历史上都有人隐修，这些人被称为"终南隐士"。半个世纪前，美国人比尔·波特选择研究生的专业时，看到一本关于东方的书，于是申请了汉语的专业和奖学金。后来他和摄影师史蒂芬·约翰逊在秦岭中走访了很多古寺观和那里的人，将经历写成了一本书《空谷幽兰》。书中穿插讲了许多诗人学者以及他们的抱负和人生，比尔希望通过纵深文化的联系来说明一些关于"道"的玄奥。相比于很多讲"道"的复杂文章，比尔看到的秦岭反而浅显易懂。

第二章

天地玄黄
—— 文智初开的故事

TIANDI XUANHUANG
—— WENZHI CHUKAI DE GUSHI

石语长安

一

三皇五帝留下的痕迹
——《盘鼓舞图》

○ 汉代盘鼓舞

老外提出的上下五千年 ◆《开成石经·春秋左氏传》

明崇祯十六年（公元 1643 年），松锦大战之后的大明王朝九边精锐损失殆尽，大顺政权的李自成攻占了西安。就在这一年，一个叫卫匡国的意大利人经由印度来到中国传教。十几年后，他出版了一本《中国上古史》，认为中国的故事可以从伏羲、神农、黄帝等八代帝王开始讲起，在全书的第一卷讲

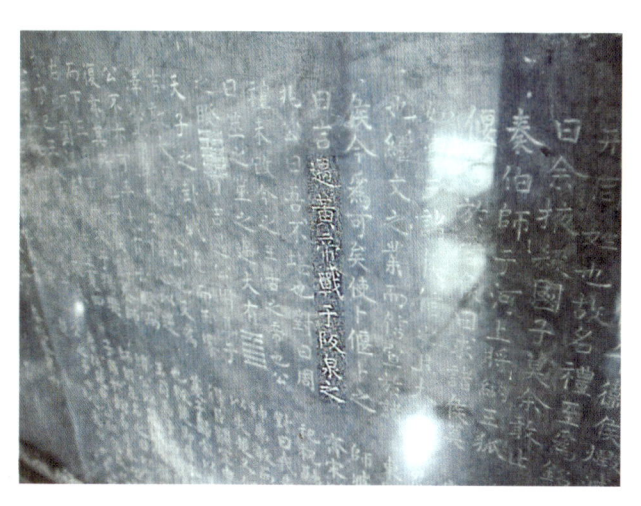

○ 西安碑林《开成石经·春秋左氏传》"遇黄帝战于阪泉之兆"部分

述了这些远古神话，将伏羲时代的起始年定为公元前2952年，提出了华夏文明五千年的说法，并且被之后的很多耶稣会士在撰写中国历史时所采纳，在世界范围内产生了影响力。宣统三年（公元1911年），革命党人推翻清朝，孙中山先生当选临时大总统并通电全国，颁订国号为"中华民国"，以黄帝纪元4609年（公元1912年）为"中华民国"元年。这个黄帝纪元是依据晋代皇甫谧的《帝王世纪》与宋代邵雍的《皇极经世》等古籍推算的。《皇极经世》中称尧元年为甲辰年，清末民初的学者考订认为相当于公元前2357年。再根据《帝王世纪》推算尧以上共五帝，历时341年，所以黄帝元年就定为公元前2698年。由此中华文明有着上下五千年的历史，在世界上和国人心中都留下了深深的烙印。"文革"后上海的少年儿童出版社推出了《中华上下五千年》丛书，在社会上产生广泛的影响。全书的开始部分从盘古开天辟地、黄帝蚩尤涿鹿大战、尧舜禅位讲到了大禹治水后的夏朝。可以看到，随着时间的推移，三皇五帝逐渐从神变成人，并开始在历史上留下实际的记载和痕迹。其中黄帝作为普遍认为的五帝之首，关于他的记载也特别多。西安碑林博物馆第一展室《开成石经》中《春秋左氏传》部分记载了公元前636年，狐偃建议晋文公"求诸侯，莫如勤王"时，晋文公"使卜偃卜之，曰：吉，遇黄帝战于阪泉之兆"的事情。"黄帝战于阪泉"是三皇五帝时代黄帝部落联盟与炎帝部落联盟之间的重要战役，之后黄帝部落统一了天下，这片土地上繁衍的人们也自称炎黄子孙。

黄帝后裔的家谱◆《颜氏家庙碑》

很多人认为黄帝是一个传说中的人物，其实关于黄帝作为人的记录很详细。比如，他的家族谱系很完整，25个儿子中14人得到12个姓，依次为姬、酉、祁、己、滕、箴、任、荀、僖、姞、儇、衣。这之中姬姓的昌意是黄帝和正妃嫘祖所生的次子，他的儿子颛顼协助过五帝之一的少昊，并且被认为是夏朝的先祖。经过商周时期，姬姓后裔中的周武王（姬发）又建立了周朝，被分封的数十个诸侯或方国大多以国为氏，形成了后来中国的大多姓氏。

西安碑林博物馆镇馆之宝之一的《颜氏家庙碑》就记载颜真卿的家族

《颜氏家庙碑》全称是《唐故通议大夫行薛王友柱国赠秘书少监国子祭酒太子少保颜君碑铭》，是唐建中元年（公元780年）颜真卿为他的父亲颜惟贞刻立的，碑文由颜真卿亲自撰文并书写，记述了颜氏家族的渊源以及长辈亲族的仕宦、治学等情况。石碑四面的碑文都是颜体楷书，碑额的"颜氏家庙之碑"是李斯之后的篆书大家李阳冰写的，可以说是天下最好的楷书和篆书的组合了。这块石碑经过唐末的战火，在宋代随着《开成石经》一起被迁入府城孔庙内（今天的碑林），所以碑文首行下刻有宋太平兴国七年（公元982年）重新竖立时李准写的跋文。

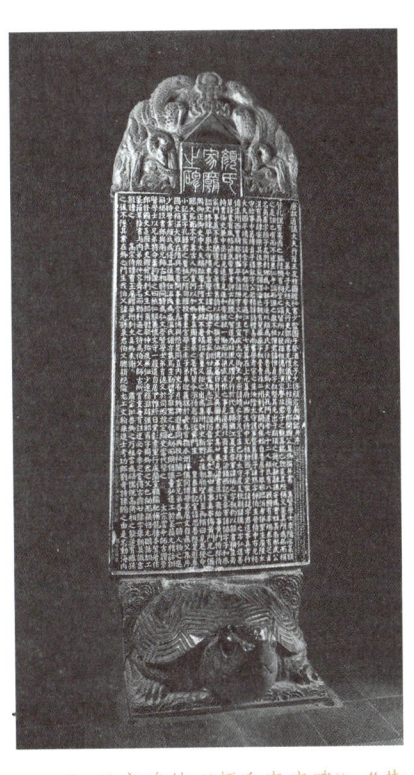

○ 西安碑林《颜氏家庙碑》"其先出于颛顼之孙祝融"相关部分

○ 西安碑林《颜氏家庙碑》

○ 西安碑林《颜氏家庙碑》的碑额部分

"其先出于颛顼之孙祝融，融孙安为曹姓，其裔邻武公，名夷甫，字颜，子友别封郳，为小邾子，遂以颜为氏，多仕鲁为卿大夫"，简单地说就是颛顼的孙子祝融的后代夷甫，字颜，被周宣王封为公爵。夷甫的次子"友"受封于小邾国。他为了纪念父亲，便以父亲的字"颜"作为姓，自称颜友，成为颜姓第一人。

颛顼死后，黄帝长子少昊的孙子高辛继位，就是"帝喾"。帝喾的次妃简狄吞玄鸟卵而生下了契，契长大后辅佐大禹治水有功受封于商，这一族的后代中的成汤后来建立了商朝。而少昊后裔中的嬴姓后裔先服务商朝，后来又为周王养马，最终护送周平王东迁，后来建立了秦国。

如何与天地沟通 ◆《三体阴符经》

中国古人认为神灵中最重要的是天神，世间万物要遵循天所定下的"天命"。《诗经》中的《商颂·玄鸟》中说："天命玄鸟，降而生商。"《易传》里形容周朝灭商是"汤武革命,顺乎天而应乎人"。意思是商汤、武王革除前朝的天命,上顺天时,下应人心。所以伏羲发明八卦,周文王推演六十四卦,都是想了解天地运行规律,顺天命而为。在语言文字尚未成熟之前,人们借助动作、姿态和表情来传达信息和思想,并试图用这种方式和神灵沟通。从出土文物上能清晰地看出,人类早期的舞蹈大多与祭祀有关。在新石器时代的彩陶、商周青铜器、汉代画像石上都能看到各种与神灵沟通的舞蹈。西安碑林博物馆保存的一块汉代画像石《盘鼓舞图》就描绘了这样一种与天地沟通的舞蹈——盘鼓舞。整个画面分为内、外两部分,外部刻画着日月卷云,内部下边装饰凤凰,左边是孔雀嘉禾,右边是坐在榻上观舞的主人和侍者,中间是盘鼓舞和持械舞。右边盘鼓舞是两人相向而舞,手执木桴在五个盘子上跳跃击鼓,形成踏盘击鼓的舞蹈形式。持械舞中一人持剑进攻,另一人举钩镶防守。据说盘鼓舞起源于祭祀女娲,踏盘击鼓是为了与天地共鸣。而持

○ 西安碑林汉画像石《盘鼓舞图》

○ 西安碑林汉画像石《盘鼓舞图》局部

○ 日本大阪市立美术馆藏《明皇避暑宫图》　　○ 西安碑林《兴庆宫图》刻石

郭忠恕不但精通书法，而且擅长绘画，他的画作《明皇避暑宫图》描绘了层层叠叠的骊山华清宫。这张绘画与碑林收藏的《长安图》中的兴庆宫和大明宫，都表现了盛唐时期长安城内外皇家宫殿"千门次第开"的壮丽景象。

械舞则来自舜让士兵持兵器以"舞教"收服三苗。商周时期，盘古舞和持械舞一方面用于祭祀和教化，一方面也有了娱乐功能；秦汉时常作为宴会乐舞，鸿门宴上"项庄舞剑"助兴就属于该类。史书记载周朝整理了上古乐舞，包括黄帝的《云门》、唐尧的《大咸》、虞舜的《大韶》、夏禹的《大夏》、商汤的《大濩》、周武王的《大武》，都用于祭祀。今天，通过画像石上略显夸张的舞者动作，我们依然能感受到上古时人们为了和神灵沟通而做的全身心的投入。

除了舞蹈，古人相信文字经咒也能与神灵沟通，传说黄帝就写过从自然规律推演五行相生相克的《黄帝天机经》，也称《黄帝阴符经》或《轩辕黄帝阴符经》。史书记载《黄帝阴符经》失传后，由唐代道士李筌在嵩山发现，而

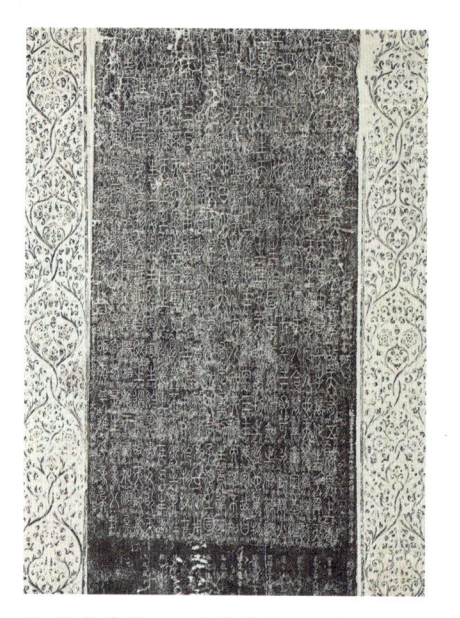

○ 西安碑林《三体阴符经》拓片　　　　○ 西安碑林《三体阴符经》
　　　　　　　　　　　　　　　　　　刻石局部

　　郭忠恕的《三体阴符经》并不是单独刻石，而是刻在唐代天宝二年（公元743年）的《隆阐法师碑》的背面。这块石料的质地非常好，所以石碑两侧的纹样和《三体阴符经》两侧的纹饰都非常优美。

且他还做了注释《黄帝阴符经疏》。北宋初年，易学博士郭忠恕又校订了《黄帝阴符经》并刻了石碑，用古文、篆书和隶书分别书写，作为通识版本。今天我们在西安碑林还能看到这块石碑，因为是用三种书体所书写，所以称为《三体阴符经》。《宋史》记载郭忠恕七岁能写诗，早早通过科举，却又去修道和画画，顺便还考证了中国文字的变迁，连宋徽宗拿到他的《雪霁江行图》都小心翼翼地在上面题上"郭忠恕真迹"。也许他就属于那种掌握了事物运行规律，了解天地的人。

（二）

文明的鸿蒙
——《仓颉庙碑》

○ 陕西省渭南市白水县仓颉庙

"谷雨"那天发生了什么 ◆《开成石经·礼记·月令》

传说汉字是黄帝命令史官仓颉创造的，当字造成的那一天，"天雨粟，鬼夜哭"。一般人都觉得这是讲仓颉造出字后，"惊天地泣鬼神"，就像唐代张彦远形容的，人掌握文字后，"造化不能藏其密，故天雨粟；灵怪不能遁其形，故鬼夜哭"，意思是文字使人掌握天地的奥秘，失去主宰权的鬼神只能暗夜哭泣。陕西省渭南市白水县仓颉庙的一面墙上还画着一个传说："龙颜四目"的仓颉觉得结绳记事不方便，就走访天下的智者，仿照万物的形态，用树枝写出了"字"，于是天地动容，降下粟雨，这一天也成为二十四节气之一的"谷雨"。每年谷雨这一天百姓都会纪念仓颉造字，并且在他的故乡修建庙宇，立石赞美。

东汉延熹五年（公元162年），虽然全国四处爆发起义，而在仓颉的故乡彭衙县（今天陕西省白水县），县令孙羡正组织百姓重修仓颉的庙宇，并把这件事刻在石碑上，这就是保存在西安碑林的《仓颉庙碑》。这块汉代石碑原先立在白水仓颉庙，新中国成立后移到西安碑林保管。碑的正面有24行，每行最多有27个字，虽然多数剥蚀，但可分辨正面是对仓颉的颂赞和对上级政绩的褒扬，背面和两侧是捐资修建者的姓名、官职和捐资数额等。从"写彼鸟迹，以纪时事"等文字上，能看到仓颉从鸟的足迹受到启发而造字的传说。随同《仓颉庙碑》迁到西安碑林的还有五胡十六国时的《广武将军碑》等，

○ 陕西省渭南市白水县仓颉庙小碑林

右起第二块为《仓颉庙碑》的复制品，原碑已移至西安碑林。

○ 西安《开成石经·礼记·月令》

谷雨是二十四节气中的第六个节气，也是春季的最后一个节气。此时降水明显增加，田中的秧苗初插、作物新种，最需要雨水的滋润，因此谷雨蕴含着"雨生百谷"的意思。

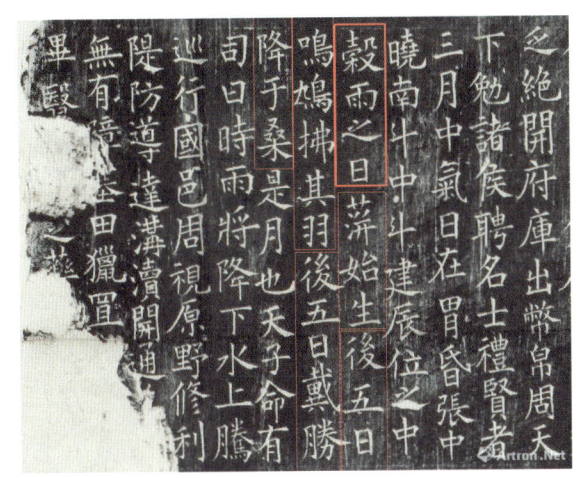

而在白水县仓颉庙还竖立着唐代的《仓公碑》、宋代的《大宋仓公碑》等，也形成了一片小小的碑林。

"丰碑"曾是定位的标识 ◆《广武将军碑》

相比常见碑石，《仓颉庙碑》的造型是上尖下方的"圭"形。圭是一种上部尖锐下端平直的玉制礼器，古人认为这种形状可以通神，《周礼》就提到"以青圭礼东方"。商周时用玉制成圭、璧、琮、璜、璋五种形状，称为"五瑞"，按公侯伯子男五个爵位佩带，其中公爵佩带圭。而专家们认为这种器物源于石铲和石斧，因此将商周之前许多玉铲及长条形玉器都定名为圭。战国以后玉圭不再流行，但不少帝王也制作一些用于装饰。在汉代，王公贵族制作玉圭来祈福、祭祀、陪葬等，很多的汉碑也采用"圭"的造型。"圭"形的碑在墓葬使用时也称为"窆石"，大多是顶部上尖，在碑额和碑面分界线的位置有穿孔。古代贵族下葬时要先在墓穴四角设立定位标识，这就是墓碑的雏形，早期这种为墓穴定位的木块或石块被称为"丰碑"。《礼记》记载："公室视丰碑，

○ 阜阳西汉汝阴侯夏侯灶墓出土的"西汉圭表"

1977年，阜阳市出土了一座西汉墓，被证实墓主是汝阴侯夏侯灶夫妇合葬墓，墓主人是汉初排名第八的功臣、太仆夏侯婴的儿子。墓中出土部分天文占卜文物，其中一件是观测春秋分、冬夏至的漆"圭表"，这是目前所见较早的圭表。

○ 西安碑林《仓颉庙碑》的碑穿

透过《仓颉庙碑》上的圆形碑穿，可以看到古人雕凿出的一条一条的螺旋刻槽。一千多年的岁月里，这处碑穿被无数次地穿过绳索，提起放下。雕刻和搬运碑石的人都已消失在历史的时空之中，但是他们留在青石上的光泽却记录了人们为了纪念过去而留下的功夫。

三家视桓楹。"后来郑玄对此注释说："丰碑，斫大木为之，形如石碑，于椁前后四角树之，穿中于间，为鹿卢，下棺以纼绕。"这里的"穿中于间"就指的是碑首与碑身之间那个叫"穿"的圆孔，下葬时系绳用，同时也是"神主"的象征。中央穿孔有通达四方之意，丰碑的意思也渐渐演变为高大的石碑。唐代岑参的诗句"丰碑文字灭，冥漠不知年"就已经是今天的意思了。

除了墓葬的定位，早期的"丰碑"还有一个作用——作为"圭表"，也就是在宫殿前竖立一根木柱或石柱来看时间。古人发现阳光下的影子的方向和长短会随太阳位置的变化而有规律地变化，就利用木柱和石柱观察，发明了最古老的天文仪器"表"。它结构简单却很有用，根据影子的长短和方向，可以确定方向、节气、时刻、地域等，后来慢慢由表发展为日晷等。《仪礼·聘礼》记载:"上当碑南陈。"东汉郑玄解释说:"宫必有碑,所以识日影,引阴阳也。"

丰碑后来还演化出了一个作用,用作界碑。西周时期,诸侯用来标记封地界线的是高高的土堆"垄",堆土的过程叫"封",然后种上树叫"建",这就是"建树"与"封建"的由来。后来觉得封垄建树比较麻烦也不好分辨,于是就竖立石碑来标界,当年和《仓颉庙碑》一起迁到西安碑林的《广武将军碑》就是这样一种界碑。

○ 西安碑林《广武将军碑》

真正"书同文"的不是小篆 ◆《程邈书帖》

《仓颉庙碑》的碑额为篆字,这是汉碑的特点,后世也一直沿袭。碑文为隶书,虽然不少文字笔画已经残损,但是从"仓颉天生德于大圣"等字上面还是能看出这一时期汉代隶书特有的内聚和用笔的沉着,平直的横画中带有微妙的弧度,波磔的表现多在细微处体现。碑上的字结体比较随意,大小长短的差异较大,横排也没有刻意对齐。总体来说,这块碑比汉代其他碑石的字要小,特别是左右两

《里耶秦简》出土于湖南省里耶古城,36000 多枚古简包含了祭祀农耕、地名里程、户籍户亩等多项内容。其中大部分文字字体属于秦隶,文字全用中锋,流畅的笔画显示出基层官吏为了追求实用和速度所做的努力。图中的文字为"陵丞(日)阳陵卒署迁洞庭司马印行事",是研究秦代阳陵地区的重要史料。

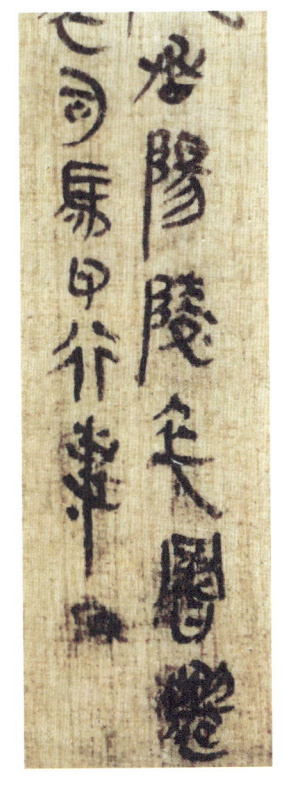

○《里耶秦简》部分

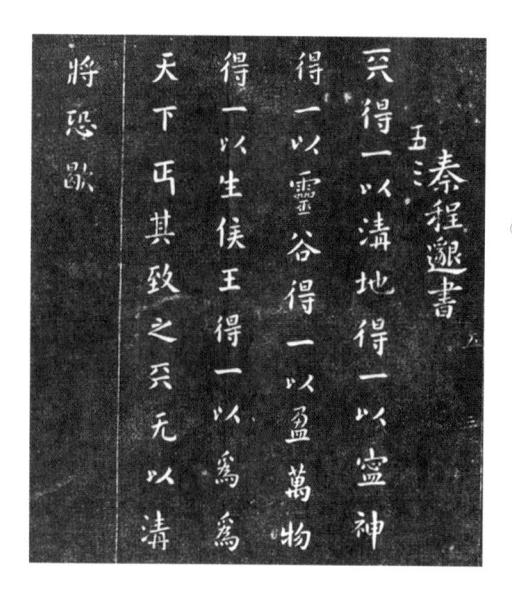

○ 西安碑林《程邈书帖》

传说程邈是秦朝一个小县的狱吏，他在犯错被关在云阳狱时，创造了隶书的写法。犯人当时被称为"隶"或"徒隶"，所以他发明的写法叫隶书。《程邈书帖》收在《淳化阁帖》第五卷，相传为他本人所写，书帖上的文字体现了小篆向隶书的转化。汉字由象形表意变为符号表意的这个演变过程被称为"隶变"。

侧，字间行间更紧密，书刻也更率意。碑上还有北宋吕大忠等人的题记。

许多人认为隶书是汉代的书体，其实我们能在出土的秦朝简牍上看到很多隶书。秦始皇想用整齐漂亮的小篆统一文字，但隶书比小篆简化，书写快，所以秦朝的官吏们在日常公务中都常用隶书。西晋的卫恒在《四体书势》中记载隶书是秦朝罪犯程邈发明的，由于程邈是徒隶，所以得名隶书。不过根据考古资料来看，这个故事是杜撰的，因为在秦武王时期的文物上就已经出现了隶书的雏形。隶书在秦国广泛使用和秦朝的法度也有关系。当时文书主要写在竹简上，战国竹简的主要规格为二尺四寸的长简和一尺二寸的短简（当时的一尺长 23.1 cm）。秦国使用短简，宽度一般为 0.5~0.6 cm，要求每根竹简最多写 40 个字左右。而同时期其他国家的短简比秦朝的宽，还只写 20 个字左右。等于说秦国官员的书写空间比别国小一半，在严格的法律下工作强度还大。写得要快，字还要小，且看得清，基层官吏只好对文字进行了压缩简省，这一过程就是隶变，这种事只有在法度苛刻的秦国才会出现。理论上秦国官方行文用小篆，隶书本来只是基层非正式场合的字体，但秦统一天下后，隶书却以其便捷性风行全国。汉代将秦隶规范为汉隶，作为官方文字，并加上了一波三折、蚕头雁尾等特征。隶书最终能够统一文字，说明书写的流行有着"从俗从简"的自然规律。秦始皇选用规矩复杂的小篆没能统一天下的书写方式，而汉代用隶书却真正实现了全国的"书同文"。

汉字在哪里造成 ◆ 仓颉造字台

今天西安市有一座地铁站叫作"造字台"，出站不远就是为纪念仓颉造字而修建的祭台"仓颉造字台"。这个地方历史上叫"三会寺"，是唐长安城外有名的寺庙。当年唐中宗李显的女儿安乐公主曾经想把汉代的昆明池作为私家园林，李显没有答应。安乐公主就在自己的西庄周边强征了很多民田，开凿出绵延十多里的池塘，取名定昆池。《太平广记》描写这里"累石为山以象华岳，引水为涧以象天河"。仓颉造字台和三会寺都成了定昆池景区中的一部分。上官婉儿陪皇帝巡游这里时曾经写了《驾幸三会寺应制》，其中"释子谈经处，轩臣刻字留"，点出了三会寺和附近造字台的关系。当然，全国和仓颉有关的祭台不止一处。例如，河南省洛宁县的"仓颉造字台"是根据《河图玉版》记载的仓颉在阳虚山旁造字，洛河灵龟献书而认定的造字台。而长安的造字台能够出名则缘于佛教流行后说这里是菩萨给上古贤王讲经的高台，之后被仓颉造字利用。随着《法苑珠林》这类佛教书籍的流传，仓颉造字台

○ 西安仓颉造字台

也逐渐传开。清代陕西巡抚毕沅在给关中帝陵立碑的时候，在这里也立了一块碑，上书"仓颉造字台"。民国时康有为、蒋介石、张学良、杨虎城都来参观过，后来为了保护夯土，就在外面包了一层青砖。据说当年仓颉每到一处，有了新的感悟后就设台造字，教化于民。所以在陕西的西安、延安、宝鸡、洛南、永寿、旬邑以及江苏、河南、山东、河北等地都有仓颉圣迹。其实最早的文献中记载仓颉是"善书"，并没有说字都是他造的。很多文献还说"好书者众矣，而仓颉独传"，说明当时能写字的不止仓颉一人。根据各地的考古发现，最早的汉字是在各个部落中逐渐形成的。也许就像荀子论述的那样，仓颉是一个集中归纳整理了各地早期文字的专家。

揭开圣人遗书的迷雾◆《仓颉书帖》

北宋淳化年间，宋太宗把内府收藏的书法名作汇集成《淳化阁帖》（又名《淳化秘阁法帖》）10卷，其中有不少上古传说人物的书帖。西安碑林的摹刻的《仓颉书帖》当时收录在《淳化阁帖》第五卷。全文是28个符号，相传是仓颉创造的文字。笔画类似甲骨文，但已表现出象形字的特征。传说仓颉的灵感来自鸟的足迹，这块碑上的文字也很有鸟迹书的味道。

目前《仓颉书帖》有四种，最常见的就是《淳化阁帖》收录的《仓颉书帖》，西安碑林摹刻的就是这个版本。其次是白水仓颉庙的《仓圣鸟迹书碑》，刊刻于清乾隆年间，由知县梁善长摹写。第三种是陕西洛南的摩崖石刻的复制碑，是清道光元年（公元1821年）洛南知县王森文用拓本摹刻的。第四种刻在美国福瑞尔博物馆藏的一件玉器上。四种版本的字数和字形都一样，《淳化阁帖》注释为："戊己甲乙，居首共友，所止列世，式气光名，左互乂家，受赤水尊，戈矛釜芾。""戊己"代表黄帝土德，"甲乙"代表炎帝火德。"居首共友，所止列世，式气光名"讲述炎黄二帝同为首领，行为是天下的楷模。"左互乂家，受赤水尊，戈矛釜芾"则讲述黄帝征服炎帝，平定蚩尤，天下平

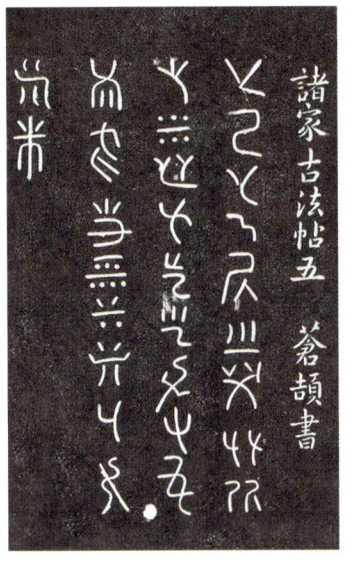

○ 西安碑林《仓颉书帖》拓片　　○ 白水仓颉庙《仓圣鸟迹书》碑

和，百姓安康。不过这个解释很牵强，明代也有学者指出这些字是后人伪托。也有人提出，《仓颉书帖》中不少字和甲骨文几乎一致，例如"己"字。而甲骨文是在清代之后才被发现和系统解读，不了解甲骨文的人伪造不了这些字。特别是《淳化阁帖》完成的宋代，史料留存比较丰富，但是没有看到过关于甲骨文的研究。这种说法逻辑严密，却忽略了一个事，就是《仓颉书帖》也可能是西汉刘歆写的。如果说仓颉是能造字的圣人，那刘歆就是神一般的天才。他不但给《山海经》做过注，写过论述音律的《钟历书》，还写了一本《三统历谱》，论述了岁星（也就是木星）运行的计算方法，还算出圆周率是3.1547，世称"刘歆率"。最神奇的是，他给自己改了一个名字叫"刘秀"，而十几年以后就出了一位皇帝——汉光武帝刘秀。刘歆在汉成帝时曾随父亲进过天禄阁，接触过各种罕见之书，看到过上古文字是完全可能的。

　　千年以来，除了讨论真伪，还经常有人质疑蔡京的注释，并提出新的解释。因为书帖里有十余个字是甲骨文里和金文里所没有的，所以破解上面的古文字也是文人们经久不衰的兴趣。虽然一直没有一种解释能说服所有人，

○ 陕西省渭南市白水县仓颉庙内的仓颉墓

但随着新的考古发现，类似于仰韶文化的陶文等早期文化的各类记号被逐步发现，总有一天《仓颉书帖》的真正含义会被解释出来。

"天雨粟，鬼夜哭"的缘由 ◆《篆书目录偏旁字源碑》

"野寺荒台晚，寒天古木悲。空阶有鸟迹，犹似造书时。"唐代诗人岑参这首《题三会寺仓颉造字台》描写的是长安城外的三会寺和造字台，其实秦代之前只说仓颉"好书"，造字是秦以后才流传的。最初记载在西汉的《淮南子》里，说"昔者仓颉作书，而天雨粟，鬼夜哭"。今天很多人都将这句话解释为是文字让人有了神的能力，其实《淮南子》里描写的仓颉造字并不是好事，"鬼夜哭"后面的原文是："伯益作井，而龙登玄云，神栖昆仑；能愈多而德愈薄矣。故周鼎著倕，使衔其指，以明大巧之不可为也。"文章本想说人懂得越多能力越大，道德水准就会降低，人能够钻井取水就不再尊敬神灵，通过掌握文字能够进行编造欺骗。组织编写《淮南子》的淮南王刘安信奉黄老道教，所以劝世人不要以人力去改变自然。随着《淮南子》的流传，这个比喻成为"证明"仓颉造字的史料。

西汉末年，出现了一本谶纬学的经典《春秋元命苞》，作者融合传说和历史讲了不少事。谶纬是研究神怪现象和因果报应的，类似于今天的各种风水堪舆。书中描写仓颉复姓侯刚，是史皇氏，有四只眼睛。后来东汉许慎编写《说文解字》时，在序言中描写了仓颉造字的过程，仓颉造字就此天下皆知。其实《说文解字》中认为文字源于八卦，虽然只有"一"这样的图案，但是能演化出很多符号（卦）。西安碑林里北宋的《篆书目录偏旁字源碑》也显示了这种观念，"一"在这里被作为所有偏旁的起始。观察古人排列的部首，依稀能感到文字从简单的符号中被一点点创生，知识由此延展，人也开始有了新的能力。

三

寻找的夏商周
——《大禹书帖》与西王母画像石

○ 西安碑林汉画像石上的西王母

大禹留下的天书 ◆ 《大禹书帖》和《岣嵝碑》

《淳化阁帖》的第五卷不但收录了传说中仓颉的书帖，还收录了据说是大禹的书帖。大禹是夏朝最初的后（夏的统治者在位称"后"，去世称"帝"），他将王位传给儿子启，从而开启了中国第一个"家天下"的王朝。长期以来夏朝饱受争议的原因主要就是没有文字，所以夏朝代表人物禹的书帖就显得尤为神秘。《大禹书帖》上面有12个字，早期解释为"出令聂子、星纪齐春、其尚节化"，所以很多人也称为《出令帖》。虽然很多学者认为这些字不是大禹本人写的，但是大家基本认可当年这些字的创作者一定了解上古文字，因为其中有四个字是甲骨文专家能认识的，例如出、聂、子、尚等。一般认为第一个字"出"是像草一样破土而出（甲骨文字形接近但解释为走出），第三、四个字是大禹的尊称"聂子"，第十个字"尚"和甲骨文、金文写法一样。其他的字历代则有很多不同的解释。有的学者将这些文字和石鼓文对比，对相同的字形做出解释。有的学者则去和《岣嵝碑》对比，不但形状，连一些字义都进行联系。例如，对第二个字，有人就解释为"鸟"，认为《大禹书帖》和《岣嵝碑》都画一只鸟，来代表大禹的家乡。于是解释为"出鸟，聂子坐引参"，意思是：进入鸟地，夏禹跪下并引导众人参拜。

《岣嵝碑》也称《禹王碑》等，最初刻在湖南省衡山的岣嵝峰上，所以称"岣嵝碑"。传说，大禹治水时曾经登上岣嵝峰，遇到一个自称"玄夷苍水"的人给他"金简玉书"，上面有治水的办法，大禹就将其刻在石碑上。这块刻

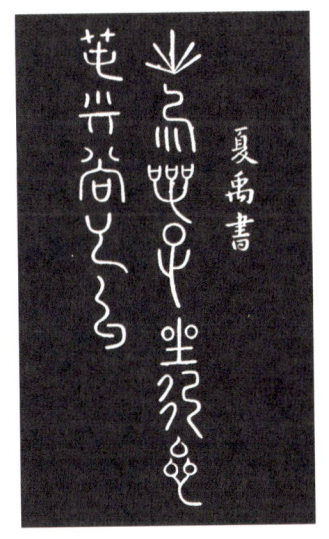

○ 西安碑林《大禹书帖》拓片　○ 西安碑林《岣嵝碑》拓片

石在东汉罗含的《湘中记》中就有记载，后来曾经神秘消失，全国有多处摹刻碑和摩崖，西安碑林保存的《岣嵝碑》就是清康熙五年（公元 1666 年）书法家毛会建摹刻的。《岣嵝碑》全文 77 个字，字形不同于甲骨文和钟鼎文，也不是籀文蝌蚪。古人认为记录的是大禹治水的内容，明代学者杨慎等人都有相关的释文。而近代一些学者则认为《岣嵝碑》不是夏朝而是春秋战国时期的，有人说是越国祭山的祭文，有人说是歌颂楚庄王的颂词。进入 21 世纪后，人们对于《岣嵝碑》的看法又发生了反转。首先是 2002 年，北京保利艺术博物馆的专家在海外发现了一件西周青铜器——遂公盨。盨是用来盛黍稷的礼器，从簋变化而来，这件约 2900 年前铸造的青铜盨上面铸有铭文 98 个字，被定为一级文物。铭文大意是：大禹削山疏河平息水患，划定九州规定贡献，洪水退后民众重新定居并拥戴大禹为王。令人惊奇的是，不但铭文的内容和之前关于《岣嵝碑》大禹治水的解释近似，有些字的写法也类似。这之后的 2007 年，在衡山又发现了遗失千年的《岣嵝碑》原石。由此，又有人说《岣嵝碑》的内容就是有关大禹的，使用的也是上古的一种变形文字。

汉字演化的迷雾◆《史籀书帖》

很多古老的文字难以辨认，部分原因是秦统一六国之前各地的文字都有自己的风格。经过秦汉的全国统一化进程，那些没有被采用的字形和写法渐渐地被人遗忘。汉字在商周时每个字写法基本一致，只不过从周朝开始象形程度降低，从"籀文"体出现，金文开始向大篆演变。西安碑林收藏的《史籀书帖》就是显示金文向大篆演化的重要史料。原帖传说是周宣王的太史史籀撰写的，后来收录在《淳化阁帖》第五卷，帖文六个字分别是"剔州裴易德系"，旁边还配有李斯的小篆做对比。

从春秋中期开始，各地出现了具有自身特色的字体。除了秦国官方的小篆，多数用笔流丽。南方的楚国、吴国、越国等地，不但笔画狭长宛转，甚

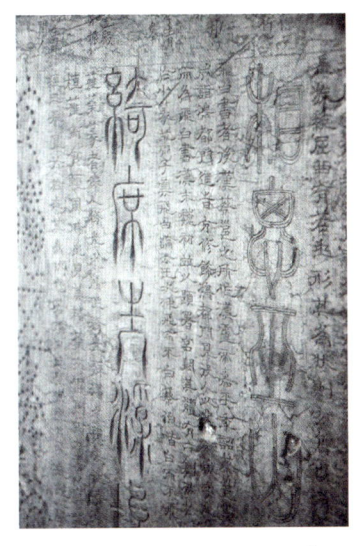

○ 西安碑林《史籀书帖》拓片　　○ 西安碑林《十八体惠林诗》碑刻

至还有像鸟和虫一样的装饰笔画，也就是后世所称的"鸟篆"和"虫书"。这种美术性的弯曲和古代为了象形的屈曲不同，实际含义比较少。多少年以后这些古文字再次被人们发现的时候，大多难以辨识，显得特别神秘。从唐宋开始，文人墨客们就以辨认这种古文字为乐，更以能写这种古文字为荣。据说南朝的庾元威在《论书》中讲过用108种书体写屏风，唐代韦续的《墨薮》中列出了古代56种书体，包括龙、虎、云、鸟、鱼、龟、八穗、仓颉、鸾凤、蝌蚪、仙人、钟鼎、倒薤等，可惜没有图存世。而北宋年间的诗人、书法家梦英搜集了18种古体篆书分别写出了《惠林诗》，被皇帝安排刊刻上石，这就有了今天碑林的《十八体惠林诗》碑刻。从古篆书写的第一句"沙门惠林诗"开始，到垂露篆书写的第十八句"大师梦英集"结束，分别使用了大篆、籀文、廻鸾、柳叶、垂云、雕虫等18种书体。

目前书法界公认的神秘文字有《仓颉书》《夏禹书》《岣嵝碑》"蝌蚪文""沙巴文""红岩天书""夜郎天书""巴蜀符号""东巴文字""女书"等，如果有时间的话，在西安碑林基本都能找到相似的文字。没有时间一一寻找的朋友，可以直接去第五展室的外墙上找明代正德年间永寿王的《谒泰岳行祠文》碑刻，72个字的文章用了72种书体。等西安碑林博物馆的新馆盖好，今天这种每个展室密集布置碑刻的情况估计会改变，那时寻找这块在碑林并不起眼的碑也许会更难。

定稿《尚书》的反转再反转 ◆《开成石经·尚书》

很多人认为夏朝有文字的理由来自《尚书》，其中记载了周公对商朝遗民说的一段话："惟殷先人，有册有典，殷革夏命"。这说明商朝的典籍继承于夏朝。周公距离夏商比较近，有一定的可信度，理论上这能证明夏商周之间的文字传承。只是我们今天能看到的记载这段文字的《尚书》，却不一定是先秦诸子当年编纂时所看到的。《尚书》的内容在秦始皇焚书后存留很少，西汉虽然努力搜集，然而无论是学者伏生背出的《今文尚书》，还是鲁恭王从孔子故宅里发现的《古文尚书》，都在西晋永嘉年间的战乱中毁失。东晋时期，豫章内史梅赜给朝廷献上了一部《尚书》，内容与汉代刘歆所说的《古文尚书》58篇的数目相合，而且每篇都有标为《孔安国传》的注。孔安国是孔子后裔，当年就是他负责把孔子旧宅墙壁里先秦文字的《尚书》转写隶书。因此大家认定梅赜献的这一部就是孔子故宅的《古文尚书》。这部书在晋元帝时被立在学宫，唐太宗时命孔颖达作了《尚书正义》，高宗时颁行全国，玄宗时改为楷书，文宗时刻成《开成石经》，从此一统经学，成为宋、元、明、清的官方定本。不过，经过历代学者们的推敲考证，现在基本已经判定这部传习千年之久的《尚书》不是孔安国传抄的那本，而是晋人写的（推测是大经学家王肃）。其中将伏生的《今文尚书》原文29篇拆分为33篇了，还有伪作的25篇。

2008年，清华大学得到一批战国竹简。经碳14测定证实是战国中晚期文物。因为这些竹简未受"焚书坑儒"的影响，所以能够最大限度地展现先秦古籍的原貌。研读的结果发现，除了25篇晋代的伪作，西汉伏生版的《今文尚书》中也有许多和战国时期竹简上内容不一致的地方。"今文"版《尚书》倒不是伏生故意作伪，毕竟他在西汉背诵的时候年纪已经非常大了，甚至有可能他听到的或者学到的都已经不是原版。这也许就是后来古人喜欢把重要的东西都刻在石头上的原因，相比于锦帛、竹简、纸张，石头上的文字不但保持得长久，而且几乎不能改动。这也是这本书用碑文来讲长安的原因，尽量让读者看见真实的历史。

颠覆认知 ◆《毛诗》和《竹书纪年》

对清华简的读解不但颠覆了世人对《尚书》的了解，更是颠覆了对夏商周历史的很多认知，例如周幽王烽火戏诸侯这个《史记》里记载的重大事件，按清华简的记录就未曾发生过。当然这也不是《史记》第一次被质疑记录的权威，魏晋南北朝的时候就曾出土过跟《史记》完全不一样的古书。

西晋初年，河南汲县的一座古墓被一个叫不准的盗墓贼挖开。当地的百

《诗经》在古代多称为《毛诗》，因为它是由西汉时鲁国毛亨、赵国毛苌两人编辑注释的。在碑林的唐代《开成石经》中就写成《毛诗》，右图的第十八卷部分正是周厉王时期的内容。这一时期周厉王被国人赶走，出现了著名的"共和行政"。只不过，关于共和行政的具体情况，《史记》解释为周公和召公共同执政，而《竹书纪年》等史书记述为"共伯和"代行天子之政。

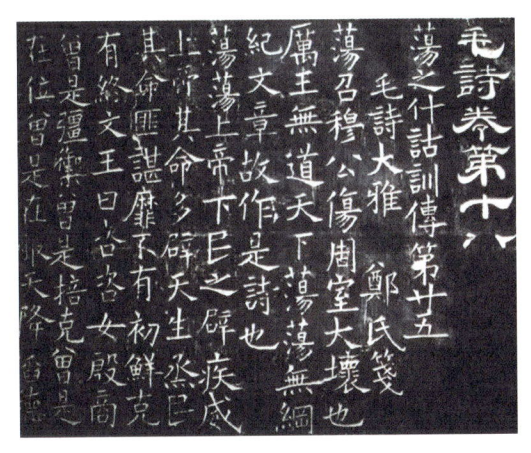

○ 西安碑林《开成石经》中《诗经》部分

姓看到被盗的古墓内外散落着大量的竹简，便报告给官府。当地的官员便把这批竹简由汲县运到当时的京师洛阳。晋武帝组织人研究，发现好像是战国时魏国的史书，于是命中书监荀勖、中书令和峤负责整理、考订、释文，于是有了最初的（初释本）的《竹书纪年》。这部书历史上一度失传，到清代朱右曾收集失散的文章编成《汲冢纪年存真》，王国维又以此为基础编辑成了《古本竹书纪年辑校》。1981年，方诗铭等人收录王国维的成果，编辑成《古竹书纪年辑证》，成为今天常见的版本。《竹书纪年》用编年体记载了夏、商、西周和春秋、战国的历史，是未受秦始皇"焚书坑儒"和儒学兴盛影响的文献，里面很多地方和司马迁的《史记》写的完全不同，比如《竹书纪年》记载："昔尧德衰，为舜所囚也。舜囚尧于平阳，取之帝位。"也就是说，尧不行了（德衰），舜就把他关在平阳，夺取了他的帝位，完全不是儒家宣传的那样禅让。因此，很多人对《竹书纪年》的可靠性提出了疑问。尤其是《史记》说商朝的伊尹忠于国家，国王太甲暴虐无道时，他就代行国政三年，太甲改过自新后，伊尹便将国政交还。而《竹书纪年》写伊尹曾经篡位，后来太甲重新掌权后杀掉了叛变的伊尹。这不但是和《史记》不符，和《诗经》里歌颂伊尹的诗歌也完全相反。《诗经》里《商颂》部分的《长发》以歌颂商汤事迹为主，追述先王功业，在结尾部分写到了天赐伊尹给商汤，让伊尹辅佐商汤夺取、巩固和治理天下。正史中的伊尹是先后辅佐成汤、外丙、仲壬、太甲、沃丁五位君王的忠臣，不但懂政治还会烹饪，他比老子更早提出了"治大国如烹小鲜"。《竹书纪年》的提法可以说是完全颠覆传统认知，把忠臣明君的故事揭露成血腥的宫斗与政变。但是，也让更多的人对书中的历史充满兴趣，从南北朝至今，研究者不断。

最早踏上丝绸之路的游客 ◆ 沣西车马坑与玉门关

《竹书纪年》不但记录了一些和《史记》不一样的事，还记录了很多很传奇的事情。例如书里的《穆天子传》里记载周朝的第五代王周穆王沿着玉石之路西行，去瑶池见西王母的故事。当时周朝国力强盛，周穆王坐着八匹骏马拉的车，由最善于驾车的造父驾驭巡游。一次他带着贵重的礼物向西走到了昆仑山，还见到了住在那里的西王母。书里记载西王母在美丽的瑶池设宴招待周穆王，两人的交谈很愉快，离开时西王母还问："尚能复来？"后来周穆王忙于平息国内徐偃王的叛乱，再没有去。

当时驾车的造父为周穆王能够快速回到国都指挥平叛做出了贡献，被赐予赵城，有了自己的土地，后代开始使用"赵"为姓氏。据说造父的祖先曾经是辅佐舜调驯鸟兽的大臣，这个部族的另一支为周朝在犬丘养马有功，被赐为附庸（在周代，封地不足50里者为附庸），得到秦地，建立了城邑（秦亭）。这样，同一氏族的两支最后分别发展成了战国七雄中的赵国和秦国。因为关于赵国和秦国起源的历史有很多同样的记载，所以很多人都认为历史上

○ 西安市沣西车马坑内的周代马车

○ 汉玉门关遗址

　　敦煌玉门关一带的汉代长城防御体系遗址上，从 20 世纪初开始陆续出土了多批次的汉简数万枚。英国探险家斯坦因发现简牍后，很多汉简都证实了汉代的玉门关就在当地百姓所说的"小方盘城"一带，今天这里也被正式认定为汉玉门关遗址。当然，很多学者认为今天我们看到的这处夯土遗迹，只是当年整个玉门关防卫体系的一小部分。从先秦时期甚至更早，新疆出产的美玉就从这里进入中原，为了有效地管理贸易，征收税金，整个玉门关地区修建了许多城墙，有的虽然不高，但是延伸得很长，相对于军事对抗，保证商队不能绕过的目的性可能更强。

的周穆王确实西行过，还走得很远。从这一点来说，周穆王是历史上有记载的最早沿着丝绸之路西行的游客，而且参考沣镐周代车马坑遗址的出土文物来看，当时贵族们乘坐的马车已经相当豪华了。

　　周穆王去见西王母所走的路是丝绸之路的前身"玉石之路"。昆仑山下的和田河流域很早就有先民采玉，并通过各地的商贸运到中亚和中原地区，这就是远早于丝绸之路的"玉石之路"。《尚书·胤征》里记载"火炎昆岗，玉石俱焚"，说明古人认为昆仑玉由神秘的大火在昆仑山烧成。因此人们崇拜巍峨的昆仑以及昆仑玉，也就是我们常说的和田玉。"玉石之路"在汉代依然存在，商贩们从中原向西域运去大量的丝绸和药材，归来时又带回大量的玉石和当地特产。汉武帝时在甘肃设置了"玉门关"，玉石到此便是进入国门。"玉石之路"以玉为媒介，不仅为后续的丝绸之路开辟了道路，而且在沟通东西方经济、科技和文化交流方面发挥了重要作用。

西王母与东华帝君的容颜 ◆《墓主拜见西王母图》

周穆王见西王母的故事流传很广，唐代李商隐还为此专门写过一首诗《瑶池》："瑶池阿母绮窗开，黄竹歌声动地哀。八骏日行三万里，穆王何事不重来。"诗里的"瑶池阿母"指西王母，而"黄竹歌"是周穆王作的哀民诗。《穆天子传》里面写道："西王母为天子谣曰：'白云在天，山陵自出。道里悠远，山川间之。将子无死，尚能复来？'天子答之曰：'予归东土，和治诸夏。万民平均，吾顾见汝。比及三年，将复而野。'"诗里描写的西王母等待和周穆王再会的场面，明显有点相思的味道。关于西王母的描写有很多种，在《穆天子传》里是美丽的仙人，在《山海经》里长相凶恶，在《汉武帝内传》里则风姿绰约，到《西游记》里则成了老气的王母娘娘。那么西王母最初到底是什么形象呢？

西安碑林收藏有一块东汉墓出土的《墓主拜见西王母》画像石，用减地平雕技法配合阴线刻画了墓主人拜会西王母的故事。西王母盘腿端坐于画面的左端，面前跪着三足乌，左右有二人跪地服侍。右端一个头戴进贤冠的人

○ 西安碑林《墓主拜见西王母》画像石

○ 西安碑林《墓主拜见西王母》画像石局部

坐在三足乌拉着的云车之上，云车前有手持灵芝的仙人、九尾狐、玉兔和蟾蜍。画面两端雕刻有圆形的日月，上面用阴线分别刻画了金乌和蟾蜍。因为有这两个代表日月的圆形，很多人也认为画面呈现的是西王母和东王公。东王公又称"东华帝君"，是阳神，对应阴神西王母。道教认为东王公与王母共同主理阴阳两气，是陶钧万物的两仪神。汉代普遍认为人死后可以通过特殊的方式飞升仙界，而仙界的主人就是西王母。因此在汉代的艺术创作中常见西王母等升仙题材，东汉多数墓葬的画像石中都可以看到西王母，而且位置显赫。虽然没有清晰的脸部形象，但大都在重要位置，被塑造成仙后的形象。

汉代画像石一般采用散点和焦点两种空间透视，最早出现并且应用最广泛的是底线横列的散点透视，即描绘的事物被横向排列在画面同一底线上的透视构图方法。在这种构图的画像中，现实的三维空间变为艺术的二维空间，所描绘事物的纵深关系完全看不到，只能看到其左右关系。后来为了表现事物的纵深关系，从底线横列法发展出了底线斜透视法、鸟瞰斜透视法和上远下近鸟瞰透视法。

在汉画像石中，这几种散点透视构图法往往两种甚至三种并用，在同一个画面上造成不可避免的视觉矛盾。大概正是为了克服这一缺陷，东汉晚期焦点透视构图法首先在汉画像石中开始使用，只从一个固定的视点去观察和捕捉物象。

如果单从物理学的观点看，散点透视是违反科学规律的、不合理的，而焦点透视是合理的。但从美术艺术的观点看，两者都是合理的，而且有时候前者比后者的表现更有张力，无论是汉代的画像石还是埃及的神庙雕刻都充分体现了这一点。

月中玉兔从何来◆《墓主升仙图》

汉画像石上除了西王母和东王公，还有羽人和各种神兽，例如玉兔、九尾狐、三足乌、蟾蜍等。"羽人"在商代就已出现，《山海经·海外南经》记载："羽民国在其东南，其为人长头，身生羽。"汉武帝时期"羽化"已成为升仙或长生的专用术语，汉画像石上的羽人背上长着翅膀，有时侍奉西王

○ 西安碑林汉画像石《墓主升仙图》中有硕大的玉兔

和《墓主拜见西王母》画像石同一个展室的，还有一块《墓主升仙图》。画像石是墓室的横额部分，主题曾经也被认为是描绘东王公和西王母。画面分内、外两栏，内栏正中是一座帷幔高卷的庑殿式建筑。建筑内端坐着两个身着世俗服饰的人。建筑外有一只体形硕大的玉兔高举棒槌在捣药，周围还有九尾狐、天马、羽人、翼兽等。专家们经过详细研究，认为楼阁里面端坐的两个人应该是墓主夫妇，而不是常见的东王公和西王母。这幅画将经常跟随西王母的玉兔、九尾狐等刻绘于墓主夫妇旁边，是要营造一个虚拟的西王母世界，表现墓主死后进入西王母世界安逸享乐。画像石的外栏是装饰性的绶带穿玉璧图案，绶带是古代用来系玉佩或印纽的条带，璧是古代贵族用于表明身份的礼器，同时也是一种装饰品。"绶带穿璧"是汉代官宦人家常用的装饰。

○ 玛雅陶杯上的月神和玉兔

母，有时接引墓主人，在丧葬习俗中被赋予特殊的含义。在先秦时期九尾狐不是妖而是瑞兽，连孔子弟子编写的《孝经》里都说："德至鸟兽，则狐九尾。"而三足乌则是位于太阳中央的乌鸦，也称"金乌"。汉代的王充在《论衡·说日》中描写："日中有三足乌，月中有兔、蟾蜍。"月亮里面有蟾蜍的原因，目前还没有权威的解释，主要观点认为与蟾蜍的生殖力非常强大有关。而月宫里的玉兔的出名，则要感谢屈原在《天问》中写道："夜光何德，死则又育？厥利维何，而顾菟在腹？""顾菟"是跳跃的兔子，月亮中出现兔子含有阴阳调和的意思。汉朝刘向的《五经通义》中说："月中有兔与蟾蜍者何？月，阴也；蟾蜍，阳也，而与兔并明，阴系阳也。"说明从汉代开始月亮中有蟾蜍和兔子的说法普遍流行。

有趣的是，不但中国的月亮里有兔子，古印度也认为月亮里有兔子，大学者季羡林先生曾经在《印度文学在中国》中猜测中国月亮里面有兔子的说法可能和印度公元前1000多年《梨俱吠陀》里月亮中有兔子有关。更神奇的是危地马拉南部流传下来的玛雅创世神话《波波乌》中月神的宠物也是兔子，波士顿美术馆收藏的玛雅陶杯上就有抱着兔子的月神。学者们推测，全球很多地方兔子和月亮有关，是因为兔子的繁殖周期和月亮的朔望周期一致。月亮一个朔望是28天，兔子从受孕到分娩也是28天。还有人由此推论月亮中是只公兔子，因为民间有兔子"望月而孕"的说法。这个说法的核心是尘世间的母兔子只要抬头望月，看到月宫中那只公兔子便会怀孕。

四

紫气东来话先秦

——《孔子见老子》画像石

○ 西安碑林《孔子见老子》画像石

圣人手中的"赝品"与他的手迹 ◆《仲尼书帖》

汉代的画像石不但描绘西王母等神仙故事,还描绘古代的圣贤故事。碑林博物馆就收藏有一块具有代表性的《孔子见老子》画像石。孔子见老子是汉代画像石的常见题材,他们见面时还未有儒道之分,是后辈向前辈的请教。这块绥德县出土的汉墓墓门的右柱石,分上下两格,描绘了以孔子见老子为中心的一系列画面。

　　画面的上格右边是陶纹的边饰，左边分成四层画面。最下面三层由上至下分别是：一个手持刀和钩镶的人在阻挡对方刺杀来的剑；一个头戴进贤冠的人跪在一个手持拐杖的老者面前；两个执斧状物的人面左半蹲。最上面一层为孔子见老子。画面左边的老子拱手施礼，右边的孔子则手持见面礼"雉"（大雁）。两人中间有一个手拿"鸠车"（古代一种玩具）的小孩，正仰起头向右边的孔子提问，这个是当时的神童"项橐"，据说连孔子都曾经向他请教，《三字经》里说"昔仲尼，师项橐"。

　　古人拜见尊长要送见面礼，《周礼》规定大夫执雁，士执雉。克己复礼的孔子去向老子请教当然会拿大雁。不过大雁是飞禽，当时没有人专门养。如果有需要时捉不到怎么办？于是大夫们便用鹅替代雁。虽然家鹅是由野生雁类驯化的，不过送礼用大雁还是与家鹅不一样，所以文人后来用"雁"来暗示替代品，慢慢地演化出了"赝"字。唐朝高宗时期李延寿撰写的《南史》就将"赝"字正式收入书中，其替代品、伪物的意思已广为人知。唐代韩愈曾经在与好友吃饭时酒喝多了，把鹅当雁吃了，于是写诗自嘲说"居然见真赝"了。宋高宗在《翰墨志》里说："然右军（王羲之）在时，已苦小儿辈乱真，况流传历代之久，赝本杂出。"这是将作伪的书画称作赝品较早的名人，也说明宋代的书画古玩市场假货不少。有趣的是，很多"孔子见老子"的画像石和画像砖上，孔子拿着的不是雁，反而是雉鸡。这主要是因为近距离观察大雁和具体刻画都不容易，反而是雉鸡常见并且容

○《孔子见老子》画像石局部特写

○ 西安碑林《仲尼书帖》

史书记载孔子善写大篆,《仲尼书帖》收在《淳化阁帖》第五卷,传说是孔子所写,书体与春秋战国时的"石鼓文"相近。

易刻画。于是孔子手中本该拿的"雁"就变成了"雉",可以说,也是一种"赝"的创作了。

孔子开创的儒学影响了中国乃至东亚两千多年,可他本人留下的遗物并不多。汉代司马迁到孔庙时,看到过孔子遗留的"衣冠琴车书"。而今天,我们能看到的似乎只有他的书法了。西安碑林保存有据说是孔子所写的《仲尼书帖》,江苏的《季子墓题字》上存留的十个篆书字传说也是孔子书写的。两处的篆法都淳古而与籀文略有不同。虽然难以准确考证是否确实是孔子手迹,但是后世的篆书名家,例如唐代的李阳冰,都从这些字上得到了书法艺术创作的灵感。

古人心中的火星之神 ◆ "荧惑"石刻

《孔子见老子》画像石最下面一格刻画有两个神像,其中一个是典型的龟蛇合体的玄武形象。另一个是长长的身子,两端各有一个人头戴着进贤冠

○《孔子见老子》画像石最下面一格刻画的两个神像，其中上方的是代表火星的"荧惑"，下方是"玄武"

一样的帽子，非常奇特。专家把这种造型叫"双头一身"。兽身上长出戴进贤冠的人首造型在汉代的"开明兽"中经常可以看到。开明兽是《山海经》里住在昆仑山的神兽，不过开明兽有九个头。喜欢逛博物馆的朋友可能会觉得这个造型很像明器中的"墓龙"或者"地轴"，都是有两个人首或兽首共用一个身体。不过"墓龙"和"地轴"都是在南北朝以后才出现的，汉代还没有。也有人猜测这是"并封"，一种像野猪的怪物，一个身子有前后两颗头。不过汉代壁画中的"并封"一般背上还背着羽人或是西王母，很少单独出现。

其实，这个神兽正确的叫法是"荧惑"，也就是火星，是中国古代的"五星"之一。五星分别是水星、金星、火星、木星、土星，在古代叫辰星、太白、荧惑、岁星、镇星。中国古人看到火星的亮度时暗时明，位置又不断变化，令人迷惑，所以叫火星为"荧惑"。江苏徐州铜山县（今天铜山区）的一处汉墓的画像石上不但有一个和碑林这个神兽一样的双头一身造型，旁边还刻着"荧惑"两个字。山东、河南、安徽等地也出现过这样的荧惑形象，都是左右两个人首背对背共享中间的身子，各自朝相反的方向行进。

汉代的艺术表现中有很多介于画像和符号之间的图案，既有象征性和隐喻性，又蕴含一定的寓意，双头一身的"荧惑"就是其中的一种。相反的行走方向表现了火星在天空中的运动，有时从西向东，有时又从东向西，令人不解，正所谓"荧荧火光、离离乱惑"。

诸子百家谁能天下大同 ◆《御史台精舍碑》

《史记·老子韩非列传》记载："孔子适周,将问礼于老子。"也就是说孔子是向老子去请教关于礼的事。而老子告诉孔子:"你说的创造礼的人,连埋在土里的骨头都已经腐朽了,只剩言论。君子走运时可以建功立业,时运不济就会像蓬草一样。人要去掉过高的理想、情操、志向这些没有好处的东西。"比老子年轻的孔子要理解老子以过来人口气说的这番话,还是有些困难。所以孔子回去后三天没有说话,之后用"龙"这种神秘莫测、呼风唤雨的古代吉祥之物来形容老子的深不可测、至尊无上。

公元前600年到公元前300年这一段时间里,在古代希腊、印度和中国,

○ 西安碑林《御史台精舍碑》拓片

唐代的司法机关有大理寺、刑部和御史台。大理寺负责审判,刑部负责司法机构的行政,而御史台负责监察百官、巡视郡县、纠正刑狱等,设有台狱关押犯罪的官员。《御史台精舍碑》刻立于开元十一年(公元723年),当时就立在御史台的院子里,石碑的背面以及碑额的空白处刻有唐代700多位御史的题名,里面有很多名人,例如颜真卿、元稹等。武则天时期开始在台狱之内置精舍(佛堂)。这一措施,一方面反映了佛教的影响,一方面体现了唐代的法治观念已经从简单的肉体惩罚进化到注重心灵改造,这种理念今天依然是全球发达国家监狱体系的共识。

书写碑文的梁昇卿,是唐玄宗时期的隶书名家,通篇文章体现了唐代隶书的典型特征。

先后产生了伟大的思想家苏格拉底、柏拉图、释迦牟尼、孔子、老子等，他们的智慧一同构成了人类文明的轴心时代。孔子和老子，一位儒学先师，一位道家始祖。面对河流，孔子感叹"逝者如斯"，急着做事业，老子却说"上善若水"，顺其自然就不会迷失本性。所以儒家学子都希望入仕报国，道家隐士常常避世修仙。两种思想同时在东亚这片土地上传播，影响了中国和日本、韩国等许多地方。西安碑林分别保存着唐代的老子（老君）雕像和清代的孔子线刻像。三层须弥座上的唐代老子恬静自然，清代刻画的孔子庄重严肃。虽然老子和孔子都很有名，终结战国的却是缘法而治的法家。从春秋的管仲到战国的商鞅都是法家，秦国靠它统一了天下。虽然从汉武帝开始封建王朝推崇儒学，但其实都没忘记立法治国。汉代就有《汉律》六十篇，之后魏明帝作《新律》，晋武帝作《泰始律》，北魏和北齐等也都制定律法。经过隋朝，盛唐的律法已十分完备。例如《唐律疏义》已经对事关皇室犯法的"八议"做了明确的规定，使得权贵违法时虽然受罚轻，但也有量刑条文。相比周代"八辟"为天子的亲朋好友免责，唐代的"八议"偏重惩戒。同时，唐代时受佛教兴盛的影响，在"八议"的基础上还增加了一种可以减刑的人——佛家人士，西安碑林的《御史台精舍碑》就体现了这一点。

　　唐代的御史台负责监察并设有刑狱，而精舍是指佛堂。武则天执政宣扬佛的感化力会使有罪的官员改过向善，就在御史台建了佛堂，后来还立了《御史台精舍碑》。碑文是崔湜（后来唐中宗的宰相）撰写的，石碑则刻立于唐玄宗开元年间。那时正是盛世，提倡道教的唐玄宗在最高监察机构内继续设佛堂并立碑，说明了当时的思想包容。那时不但儒、释、道三家，连中亚的祆教（金庸小说里的明教）、西方的景教（基督教的分支）也都在长安设有寺院，还在碑林里留下了很多相关碑石，这本书还会讲到。盛唐是中国历史上最灿烂的时代，来自各国的使节、僧侣、商贾和留学生都汇集在长安，各种理念都可以建言朝堂，思想的自由远超当年的诸子百家，帝国的实力和威仪也沿着丝绸之路传遍世界。大唐王朝能被万邦敬仰，所依靠的正是这种对各种文化海纳百川的包容性。

封禅到底咋回事 ◆《禹迹图》

经过春秋战国时期诸子百家在各个国家的变法尝试之后,采用法家治理之策的秦国在秦始皇执政时统一了天下。天下在秦始皇手中统一也不单单是因为重用法家,跟他本身是个"工作狂"也有很大关系。司马迁在《史记》中记载秦始皇"以衡石量书,日夜有呈,不中呈不得休息"。大意就是秦始皇给自己定了每天必须完成的工作量,而且要称重确认。当时文书大都写在竹简上,根据秦代统一度量衡的"秦权"测算,最少有30公斤左右的竹简。参

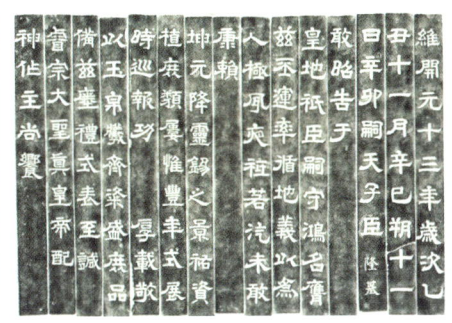

○ 唐玄宗封禅玉册文物与拓片

○ 投龙

考出土竹简上的书写密度，秦始皇每天至少批改阅读20万字的公文。20万字是个什么概念？刘慈欣的《三体》第一部也就是20多万字。

　　勤政的秦始皇统一六国、抗击匈奴、平定百越、推行书同文车同轨等等，一直没有闲过，还要安排建阿房宫、修万里长城、造骊山帝陵。折腾完天下的人，他又开始折腾自己，坐着没有减震的马车颠簸出巡，而且一两年就要出巡一次。公元前219年，秦始皇第二次出巡，游历了原来赵国、楚国、鲁国、齐国的地盘。传说当时东南方有王气，秦始皇要去压住这股邪气。后来证明他没压住，那股气来自刘邦。当时刘邦在芒砀山里玩躲猫猫，他躲的地方常有奇怪的云。司马迁专门把这事写在了《史记·高祖本纪》里。

　　经过这次巡游，秦始皇觉得自己千古一帝，就要去泰山祭告天地——封禅。虽然在《史记·封禅书》记载之前也有帝王封禅，但那些都是传说。秦始皇泰山封禅是第一次能够考证的真实事件。他之后也只有汉武帝、汉光武帝、唐高宗、唐玄宗、宋真宗五个人干过这事。

　　封禅就是要告诉天上和地下的神，自己威服四海，恩泽万邦。封禅的皇帝们基本都做到了，除了最后一个宋真宗。因为皇帝要表示自己的能力，需要两类东西，分别是金龙玉册和九州山河。封禅的金龙也叫"投龙"，是黄金打造的金龙，要由皇帝投出去，然后把要对天说的事项写在金或玉的牌子（玉册）上，找个地方藏进去。泰山脚下就出土过玄宗的封禅玉册，由唐玄宗御笔写成，刻在十五片玉石简上，穿成一册。一共135字，体现了自称"嗣天子臣"的李隆基"率循地义，以为人极"。弄点金子和玉石对宋真宗来说当然不是个事儿，他本人的书法也可以媲美唐玄宗，问题是体现率循地义的九州山河他真没有。西安碑林保存有宋代刻绘的全国地图《禹迹图》，上面刻绘了那时所希望的天下九州，其面积和范围远远不能和东洋文库保存的《唐十道图》相比。而且宋代的《禹迹图》也还仅仅是希望的国土，因为刻立这块石碑的时候是南宋，北方的国土都丢失了。《禹迹图》刻立时期岳飞冤案得到昭雪，很多人都有复国的愿望，以各种方式表达出来。最常见的是文人写诗和画家作画，例如陆游的"王师北定中原日，家祭无忘告乃翁"。同时，也有

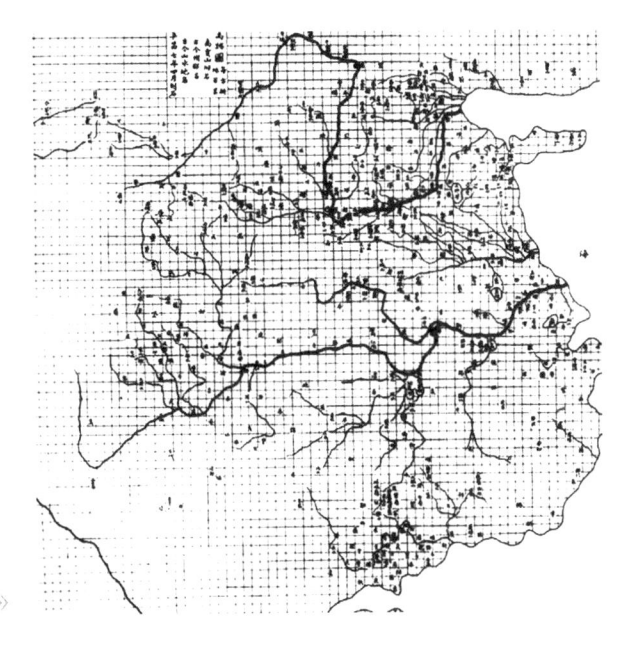

○ 西安碑林《禹迹图》

很特殊的方式——绘图，没有留下姓名的《禹迹图》的作者希望通过自己的地理知识，将国家所有的疆土和山河都刻绘出来，以备日后收复失地作参考。有人说图上五千余个边长1厘米的方格，表示每一寸土地、每一寸山河都不能丢。专家研究认为这些格子是"记里画方"，换算成比例尺为1∶5000000，有效提高了精准度。中国古代研究天称为"文"，研究地称为"理"。研究天可以直接看，抬头就可以。研究地就需要实际去踏勘，比如大禹就是代表。他的行走叫"禹步"，脚印叫"禹迹"。据说天下的舆图就是他一步步踏查，然后根据印象拼起来的，《左传》记载："芒芒（茫茫）九州，画为禹迹。"所以，南宋这张想象的天下全图就称为《禹迹图》。

宋真宗手里的疆域不但连象征天下的"岳镇海渎"都不全，还签订了《澶渊之盟》给辽国进贡。为了封禅，他带着马屁精王钦若伪造所谓的"天书"，还鼓励全国范围内伪造天书祥瑞。一时间全国各地"天书"生产运动高潮迭起，祥瑞层出不穷，整个大宋天天都在修建供奉祥瑞的宫观，而且持续十余年。后来《宋史》评价这是"一国君臣如病狂"。他这种可笑的折腾被后世取笑很多年,弄得后来的皇帝想要封禅前都先自比一下秦皇汉武,再没人好意思去封禅。历史其实很公平,执政不是吹牛皮。

体现始皇帝的精力和体力 ◆《峄山刻石》

作为封禅的准备,秦始皇先到邹峄山练习了一下爬山。邹峄山又名东山,虽然不高,却离孔子住处很近,所以孔子登东山而小鲁。秦始皇来这儿是准备向山下的文人打听封禅的程序,于是登上山顶立石铭刻了自己的功业,下山召集齐鲁的儒生咨询封禅的仪式。《史记·秦始皇本纪》记载:"始皇二十八年(公元前219年)东行郡县,上邹峄山,立石,与鲁诸儒生议刻石颂秦德、议封禅望祭山川之事。"

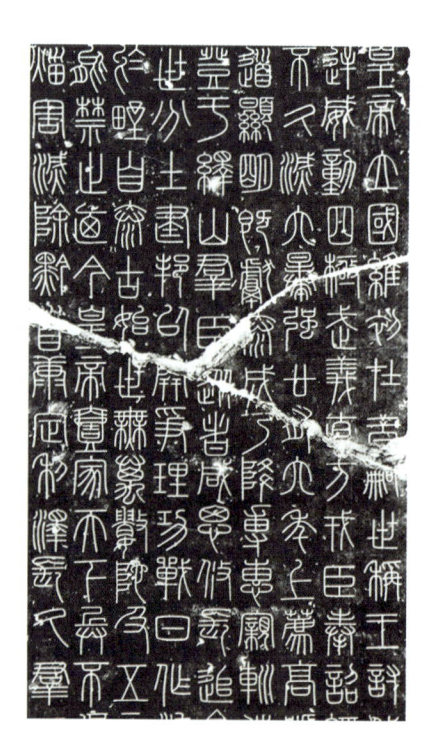

○ 西安碑林《峄山刻石》的拓本

秦始皇登山时刻写的"始皇诏"内容为:

皇帝立国,维初在昔,嗣世称王。讨伐乱逆,威动四极,武义直方。戎臣奉诏,经时不久,灭六暴强。廿有六年,上荐高号,孝道显明。既献泰成,乃降专(专)惠,窥(亲巡)远方。登于峄山,群臣从者,咸思攸长。追念乱世,分土建邦,以开争理。功战日作,流血于野,自泰古始。世无万数,陀及五帝,莫能禁止。廼(乃)今皇帝,壹(一)家天下,兵不复起。(灾)害灭除,黔首康定,利泽长久。群臣诵略,刻此乐石,以著经纪。

秦二世的"二世诏"内容为:

皇帝曰:"金石刻,尽始皇帝所为也。今袭号而金石刻辞不称始皇帝。其于久远也,如后嗣为之者,不称成功盛德。"丞相臣斯、臣去疾、御史夫臣德昧死言:"臣请具刻诏书金石刻,因明白矣。臣昧死请。"制曰:"可。"

儒生们告诉秦始皇，在泰山顶上祭天是"封"，在泰山脚下祭地叫"禅"。上山祭天最好不坐车，坐车不能碾坏山上的草。这种类似上古祭山的要求，与秦始皇要展示自己"席卷天下，包举宇内"的期望值相差很远。于是自信并且想象力丰富的秦始皇抛开儒生，带着大臣们一路砍树伐草，开山凿石，方便自己登山封禅，还诏令李斯在山顶立石刻下自己的功德。

立在邹峄山上的石头后来被称为《峄山刻石》，立在泰山上的石头被称为《泰山刻石》。后来秦二世也效法秦始皇巡游，李斯又在《峄山刻石》上补刻了二世的诏书以及随从大臣的姓名。

○《泰山刻石》的字帖

当然，拍马屁的李斯没有忘掉泰山那块刻石。于是，《峄山刻石》《泰山刻石》都有两部分内容。几经岁月磨砺，《泰山刻石》只剩"斯臣去疾昧死臣请矣臣"十个字可见，被称为"泰山十字"。《峄山刻石》在南北朝时期损毁，宋代用拓片摹刻了一块石碑，保存在西安碑林，正面和左侧镌刻颂扬秦始皇功绩的部分，背面刻秦二世诏书。

当时车上不去山，最多乘坐"檋"，也就是"肩舆"。古墓中出土的肩舆，看上去没有太大舒适性，而且在山路上也有安全性问题，估计大部分陡峭的山路还得自己走。戴着冕旒，穿着衮服，配有长剑的秦始皇在负重登山的情况下，亲自爬了邹峄山、泰山、会稽山和琅琊台，还指导刻石，充分体现了他旺盛的精力和强健的体力。

《封氏闻见记》里记载说魏太武帝登峄山时推倒了《峄山刻石》，但因为李斯的小篆天下闻名，前来观摩的人依然很多。古代文人做官的多，邹县这个小地方要接待来访的次数多了就觉得麻烦，于是架起柴火把刻石烧炸开了。可是如此一来索要拓片的大官更多了，当地的官吏只好"依旧拓上石"，用拓片刻了石碑放在邹县衙署，上级要就重新拓。之后民间有人为了卖钱，干脆摹刻在枣木板上制作拓片，但这样的复制品比原碑笔画肥厚，所以杜甫说"峄山之碑野火焚，枣木传刻肥失真"。最后官衙里的石碑和民间的枣木板也都损毁遗失，直到南唐书法家徐铉依据原拓临摹后，他的弟子郑文宝在北宋淳化四年（公元993年）按照临摹在长安重刻。因为郑文宝不知道秦代刻石的形制，于是就按石碑的样式刻立。这就是今天西安碑林的《峄山刻石》，也称《峄山碑》，它的拓片被称为"长安本"。

未能统一天下的书体 ◆《田畴帖》

西安碑林的《峄山刻石》正反两面刻字，内容记述了秦始皇的功绩及秦二世诏文。今天我们看到的《峄山刻石》拓本，大部分是长安本，全国按照这块碑翻刻的碑石有九种之多。

以《峄山刻石》为代表的秦刻石篆书，笔画纤细柔和，非常重视平衡和规矩，所谓"直可中绳，圆可中规"。有人不理解，为什么行事强硬的秦始皇想采用苗条的篆体来统一文字？其实纤细的小篆写法严谨，与秦始皇通过标

○ 西安碑林《淳化阁帖》中收录的《田畴帖》

准统一天下的理念一致。小篆的美很直观,容易理解和评判。例如初学书法时常听到的"横平竖直",从视觉上看楷书明显不是,隶书也不完全对应,需要从意境感悟,这就没标准了。但是小篆确实是"横平竖直",一般人很容易理解。再如"间架结构要匀称",小篆的每个字都在追求直观的对称。这些结字特点与"车同轨""书同文""统一度量衡"等秦朝的统一理念一致,就是用最简单的方法让大家做一样的事情,而且做出来的成品也要尽量一样。

秦小篆有着完整并且可以量化的书写法度,后世用小篆的标准去对接楷书,其实标准没法套用,所以《书谱》里解释:"初学分布,但求平正。既知平正,务追险绝。既能险绝,复归平正。"说明古人也知道,视觉上的平和直很容易理解掌握,但心理感受却因人而异,就像同样是楷书,"欧、颜、柳、赵"也都有自己的风格。秦始皇不是艺术家,他要的是"尚实趋用",所以他在李斯的建议下诏令全国"书同文字",

○ 西安碑林《篆书目录偏旁字源碑》拓本(局部)

这块碑是北宋咸平二年(公元999年)刊刻的,僧人梦英用篆书把许慎《说文解字》中的部首、偏旁分别写为540个字,用楷书注音,并且亲自作了序文说明,同时把郭忠恕的答书一并刻在石碑上,是研究汉字形体演变以及篆体书法的宝贵资料。

梦英是宋代高僧,与六朝时的智永、隋时的智果、唐时的怀素齐名,人们称这四位出家人为"潇湘四僧"。碑文中的篆字具有玉箸篆的风格特点,即使遮去楷书部分,各个篆字之间的行气依然连贯,是篆体书法的佳作。

由李斯、赵高、胡毋敬写下《仓颉篇》《爱历篇》《博学篇》三部小篆字书颁布天下。这三部类似"字典"的东西都已失传，我们能看到的除了刻石上的李斯小篆，还有《淳化阁帖》里他的《田畴帖》。西安碑林《淳化阁帖》中就有《田畴帖》刻石，上面写着："田畴耕耨，为政期月而致法令，使父子为邹鲁。"据说是秦始皇"纪事颂功碑文"的一部分，也有人考证书写的时间应该更早。但无论如何，都显示了当时官方对小篆的认可和推广。

秦始皇用小篆统一文字客观上促进了中国历史上全国范围的文化思想统一，并且追求实用的他，反而创造了很多经典的艺术。比如与真人等大的兵马俑、和原物一样的青铜水禽，都和小篆一样传达了一种实用、易懂的内在思想。在他之后的所有朝代都再没有出现过这样写实的作品。今天，兵马俑的出国展览依然是全球最受欢迎的中国文物展。不过为如何强制执行天下统一而殚精竭虑的秦始皇忽视了一点，那就是如何让人发自内心地自愿去做事。在法度和美之外，文字还有一个重要的因素是"书写便利"。在这一点上隶书的优势很明显，所以隶书最后真正统一了文字。

李斯之后的来者 ◆《迁先茔记碑》和《三坟记碑》

秦代之后小篆成为碑额和印章篆刻的首选字体，因为它具有直观的图案美。而李斯的小篆，在遵循法度的情况下，将笔画线条尽可能写得优美流畅，成为公认的代表，他本人也成为书法史上第一位有名姓与作品流传的书法家。李斯之后写小篆的人很难超越秦代的写实和灵气，某种程度上说他是篆书前无古人的存在，而在他之后的来者则要到多年之后的唐代。

唐乾元二年（公元759年），做过叛王幕僚的李白因为大赦而重获自由，沿着长江东下的他写下了"朝辞白帝彩云间"。一年后，李白停在宣州当涂县。对此有一个浪漫的解释，他的女神"玉真公主"就隐居在不远的敬亭山，所以李白写"相看两不厌，只有敬亭山"。当然，李白到当涂还有现实原因，他的表叔李阳冰是当涂县令,能照顾他。两年后,临终前的李白把自己的诗稿都托付给李阳冰,李阳冰最终出版了李白的诗集《草堂集》。不过,人们熟知李阳冰不是因为诗集,而是他的小篆。

李阳冰兄弟五人都推崇篆书,在李白纵情天下的时候,李阳冰正在研究如何在李斯篆书的基础上将线条写得更加委婉流畅,让结字显得更柔美而富于变化。他书写的小篆结体修长,在弧线上特别讲究对称,字形仿佛美女插画一样。同时,他的笔画比李斯的更加纤细,瘦劲如铁,被称为"铁线篆"。后来他甚至按照自己的书法心得修改了许慎的《说文解字》中对篆书的解释,

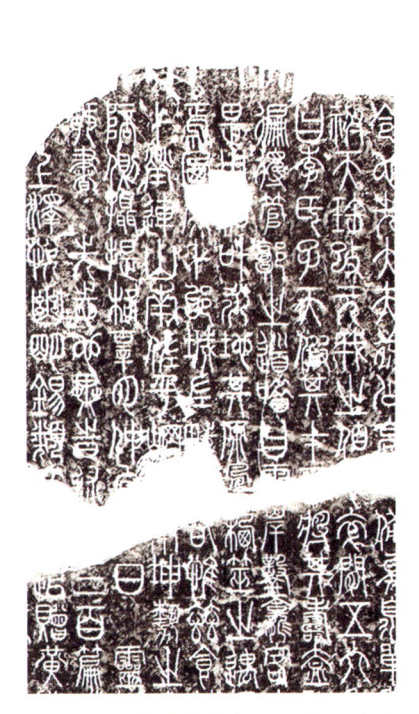

○ 西安碑林的李阳冰的《迁先茔记碑》拓片

○《三坟记碑》

对后世的小篆书法产生了深远影响。

　　唐代篆书已不用于日常公文写作，而作为一种书法艺术，因此相比秦小篆的端庄更加追求婉转美观。当时篆书书体主要分两种：一种是悬针篆，用笔垂直出锋，好像悬垂的针一样。另一种是玉箸篆，笔画圆如玉箸，主要出现在碑额、摩崖与墓志盖上。李阳冰同时擅长几种写法，西安碑林有他的两方作品《迁先茔记碑》和《三坟记碑》。《迁先茔记碑》是李阳冰的父亲李季卿撰文叙述按照风水将祖坟由灞河岸迁到凤栖原的事情，《三坟记碑》是李季卿撰文讲迁葬他的三个哥哥的事情。两块石碑的原碑都是唐大历二年（公元767年）所立的，后来因为损毁，都在宋代用拓本重新摹刻了新碑，就是今天我们在碑林看到的这两方。因此，在《迁先茔记碑》的背面还刻有北宋大中祥符三年（公元1010年）沙门（和尚）净己书写的《禅师偈》。

　　李阳冰最初的篆书学习是从模仿李斯的篆书开始，之后在临摹的基础上逐渐形成了自己的风格，结字修长瘦劲。碑林保存的这两方碑刻是他隐退之后的作品，比他年轻时的字重心下移，虽少几分秀美，却增了几分古拙。

第三章

滚滚长江东逝水
—— 两汉到隋的天下分合

GUNGUN CHANGJIANG DONGSHISHUI
—— LIANGHAN DAO SUI DE TIANXIA FENHE

石语长安

（一）

碑林不只有石碑
——两汉的神兽们

○ 西安碑林内西安石刻艺术室陈列的石兽

早期的呆萌艺术 ◆ 未知名称的西汉石雕

中国的大型石雕成熟在秦汉，史书记载秦始皇在渭水横桥立勇士像，在骊山陵园造石麒麟，在长池刻石为鲸鱼，只不过今天能看到的秦代石雕只剩李冰在成都制作的犀牛。这尊石牛外形蠢萌，因此也被称为"萌牛"。无独有偶，西安碑林的石刻艺术室内也保存有一件很呆萌的石雕，雕刻的是一种秦汉时期不知名称的动物。这件文物1956年在咸阳市北石桥乡被发现。在1957年第5期的《文物参考资料》上有一篇文章《你看毕塬下的石兽是什么时代的》，并配有黑白照片，说可能是汉代遗物，也可能是秦代的作品。

这里提到的"毕塬"是一个古地名，又名"毕陌"，大概位置在今天西安与咸阳附近的渭河边。据说周人先祖季历就曾在"毕"建都，周武王将毕公高分封在"毕塬"。毕塬之下的这尊石兽被收入文物出版社出版的《陕西省博物馆藏石刻选集》时被定为西汉，而林梅村在《古道西风——考古新发现所见中西文化交流》中分析这尊石雕时，又从时代风格和《水经注》的记载推测，石雕也可能是秦代的艺术品。学者们有不同意见的原因是这尊石兽雕琢随意，看不出具体是什么动物。石雕原先所在地的村民传说是附近白起墓前的石羊晚上出来，天亮被留在这里，这当然只是想象。也有专家根据现存的

○ 成都出土的秦代石犀牛

《蜀王本纪》和《华阳国志》等文献记载，李冰在成都治水时，制作了五尊石犀牛，两尊放在岷江里，两尊放在他的衙署前，最后一尊埋在都江堰下。

○ 西安碑林内西安石刻艺术室陈列的西汉石兽

○ 西安碑林内西安石刻艺术室的入口

很多游客来到碑林都奇怪，为什么陵墓石刻的展厅叫"西安石刻艺术室"？这是因为碑林当年叫"陕西省博物馆"，为了体现这个展厅的展品来自西安地区就起了这个名字，一直沿袭到今天。

两汉石刻，例如陕西省城固县张骞墓前石虎（或称石辟邪），命名这件石雕为石蹲虎，将山西安邑出土的石雕称为走虎，将青海海晏出土的石雕称为坐虎，但并没有被学界统一认可。

不过无论是秦还是汉，这尊石兽都在渭水之畔立守了两千余年，见证了这里的兴衰起落。也许正是岁月打磨掉了它当年的棱角和威仪，留下了今天的萌宠形态，静静地卧在碑林博物馆的石刻艺术室内，虽然没有后面的昭陵六骏般闻名世界，但它所代表的历史却深邃而悠远。

神道的威仪 ◆ "辟邪"和"天禄"

相对西汉的石兽，同时陈列的一对东汉双兽就具象得多。这对石兽是在陕西省咸阳市的沈家桥附近发现的，出土时距地表两米多，两件石刻都雕刻有老虎没有的鬣毛，口部还涂有朱砂红。和石雕一起发现的还有汉代陶片，说明东汉时那里依然有建筑或陵墓。东汉的长安属于陪都，历朝皇帝常来祭祀宗庙，并修缮宫苑。这两件文物当年是在建筑前还是陵墓前，考古学家还没有下定论，官方也严谨地称其为"东汉双兽"。《风雨沧桑九百年——图说西安碑林》中说它们的造型风格与在河南、四川等地发现的东汉陵墓前的石雕相似，因此推断它们最初在陵墓前担负着镇守和驱邪的使命，也是墓主身份的象征。有人称它们"辟邪"和"天禄"，因为河南出土的类似石兽的前肢上分别刻有"天禄"和"辟邪"。"天禄"的原意是天赐禄，而"辟邪"据说由印度传来，原意为狮子。宋代欧阳修在《集古录》里写道："右汉天禄辟邪四字，在宗资墓前石兽膊上……墓前有二石兽，刻其膊上，一曰天禄，一曰辟邪。"说明汉代陵墓前的神道上放置"天禄""辟邪"。

从秦汉开始，为死去的先王设立的"寝"从宗庙改到陵墓旁，并且在陵墓附近建"庙"作为祭祀场地，以朝拜和祭祀为主要内容的陵寝制度得以确立，神道石兽成为其中的重要元素。目前考古发现最早的神道石兽是西汉霍

◎ 西安碑林内西安石刻艺术室陈列的东汉双兽

这对东汉双兽的造型综合了狮、虎的特点，雌兽右爪踩一小羊，雄兽颔下雕有长须。游客在展室看到的这对东汉石兽其实是一对复制品，因复制逼真，游客一般很难看出这是复制品。

去病墓周围的石刻群。东汉陵墓的神道石刻已形成制度化，石兽一般成对布置在祠庙的神道两旁。"东汉双兽"这两件石雕作品将现实的狮子艺术化，逐渐谙熟石雕技术的东汉工匠们以流畅而富有张力的线条一刀一凿地将神兽刻画得雄健灵动，即使以今天的美术眼光来欣赏，仍不愧是一件优秀的石雕艺术作品。

二

见证汉家兴衰
——从隶书到草书

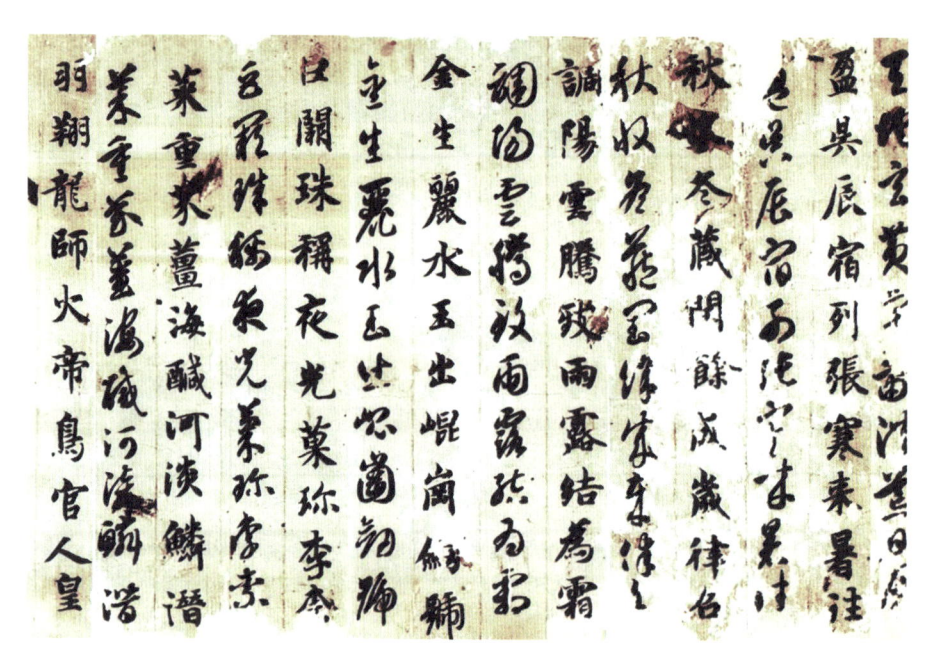

○ 墨迹版《真草千字文》

最有血性的汉天子 ◆《东汉章帝书帖》

公元74年,汉明帝重病垂危,朝廷很多政务都暂缓处理。而就在这时,北匈奴与车师等小国联合反叛,围困了东汉设在西域的都护府。第二年,朝廷收到战报时,讨论西域的战事,不少官员认为时隔日久,估计守军已经全军覆没了,没有必要救援。但新即位的天子说出了那句伟大的话:"凡我大汉子民，虽远必救。"这就是汉章帝。当他派出的援军到达时，坚守的汉军只剩饿得奄奄一息的 26 人，最终只有 13 人活着回到玉门关内。这就是史上著名的"十三将士归玉门"。

　　国家真正的强盛、帝王真正的伟大不在于那些辉煌的工程和攻伐，而在于关心每个国民，汉章帝就是这样的一位皇帝。他改善了传统的严酷刑罚，试着用人性一点儿的方式管理国家。无论这种尝试是否成功，但毕竟是一种进步，因为良好的社会不能依赖酷刑维持。这位皇帝也很果断，在豪强兼并土地的时候打压，在班超需要支持的时候，就派出军队。这些看着很简单的决策，很多皇帝却往往做不到。同时，他还不好色不享乐，业余时间只做一件事——写字。西安碑林保存有他的法帖刻石《东汉章帝书帖》，也叫《辰宿帖》，因为开篇是从《千字文》的"辰宿列张"写起。这是现存最早的帝王书法，也是《淳化阁帖》的首帖。帖上的草书苍劲有力，隐隐带有隶书意味，被认为是章草的典范之一。关于"章草"这一名称的来历，很多人认为与汉章帝有关。也有人说是西汉的史游写了草书《急就章》，后来省略"急就"二字，简称"章草"。不过史游的这本识字教材最早叫《急就篇》，和"章"的关系好像不大。

　　其实草书在秦末就已出现，汉代就开始流行，虽然用笔多沿袭隶书，但

《东汉章帝书帖》的内容来自《千字文》，第一句"日月盈昃，辰宿列张"的意思是：太阳有正有斜，月亮有缺有圆，星辰布满在无边的太空中。

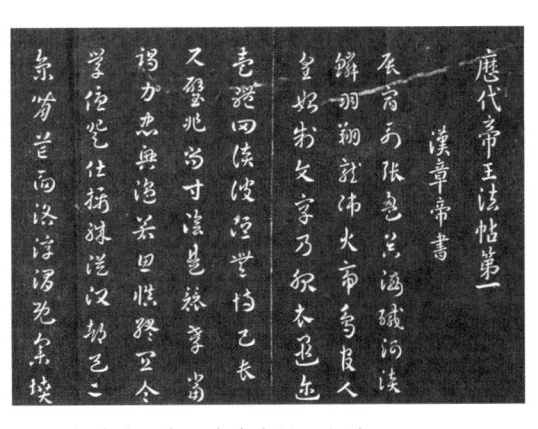

○ 西安碑林《东汉章帝书帖》拓片

每个字的笔画之间却加进了索连。汉章帝时这种书体在奏章上出现，成为通用书体。章草比隶书写得快，最初大多是因为急迫而写。所以梁武帝在《草书状》里解释说："望烽走驿，以篆隶之难不能救速，遂作赴急之书，盖今草是也。"

汉章帝这位因为草书出名的皇帝在历史上存在感很低，这是因为他爷爷光武帝、爸爸明帝、儿子和帝的政绩都不错。他去世十年后，他所重用的班超派甘英出使大秦（罗马帝国），一直走到了条支国的海滨（今天的波斯湾），那是汉朝使节走到的最远的地方，也是国家力量的巅峰。

防止作弊的终极手段 ◆《熹平石经》

读史的人都说，东汉亡于桓帝和灵帝，连刘备都"叹息痛恨于桓、灵也"（《出师表》）。不过爱好享乐的汉灵帝还算尊重文化，设置了鸿都门学，对教育有一定贡献，甚至影响了后来的科举。他在熹平四年（公元175年）下诏刊刻的《熹平石经》，起到了维护儒学经典准确性的作用。

为什么要把经典刻在石头上呢？根本目的其实是为了防止篡改。本来汉武帝"尊崇儒术"以后，朝廷就专门保存有儒学经典，可是总有人因为各种原因去修改这些典籍里的文字。东汉定都洛阳后建立了兰台，用来保存各种图书。儒家经典用漆写在简牍上，称为"兰台漆书"。两汉时设有"博士"官职，东汉的"博士"地位较高，儒生可以通过考试成为博士。但很多经书是自己抄来的，文字常有误差。于是便有人贿赂官吏，将兰台漆书改成和自己的一样。最终，连朝廷的学者们都"莫辨真伪"。所以大文豪蔡邕以"文字多谬，俗儒穿凿"为理由，上奏请求勘校《六经》刻成石碑。得到批准后，他带人镌刻了46块石碑立在太学，史称《熹平石经》。所刻的经书有《周易》《尚书》《鲁诗》《仪礼》《春秋》《公羊传》《论语》等，有20余万字。整个工程从熹平四年（公元175年）持续到光和六年（公元183年），前后历时九年才完成。据说，蔡邕用红笔将原稿写在石碑上，审核后再镌刻，代表了他书法的最高水平。石经竖立后，全国的儒生都前往洛阳"环视及摹写"。当然，这些成就也不单是蔡邕一个人的努力，参与《熹平石经》工程的团队，史书有正式记载的就超过25人。可惜的是，完工不到十年，就遇到董卓火烧洛阳。石经严重受损，以致后来分崩离析。东魏末年，权臣高澄想把石经搬到邺都，结果运输途中掉到水里，运到邺都的不到一半。隋朝开皇年间又把这一部分从邺都运往长安，可惜营造司里不懂书法的人竟用了一些来做柱下的基石。等到唐朝贞观年间，魏徵去收集时几乎找不到。后来从宋代开始偶尔有石经残石出土，特别是在长安和洛阳。自从宋代洪适在《隶释》中著录了石经的拓本以来，历代的文人学者都在收集、传拓石经残字以校勘经文、研究书法。石经碑文是极为清劲工整的隶书，字迹雍容典雅、刚柔并济、端庄雄健，是书法人士修习隶书的标准，并且促进了隶书向楷书的转化。

其实蔡邕刊刻石经还有一个更深层次的目的，就是为太学的师生们树立一个精神的象征。《熹平石经》工程开始的七年前，宦官曹节等人劫持太后，蒙骗年幼的灵帝，假传诏令迫害忠臣。年过八旬的陈蕃带着太学的学生数十人佩剑冲入承明门平叛，慷慨赴死。在东汉末年皇帝昏庸、宦官专权的背景下，太学生联合起来批评朝政，暴露宦官集团的罪恶，形成一股清流。十余

○ 西安碑林《熹平石经》残石拓片

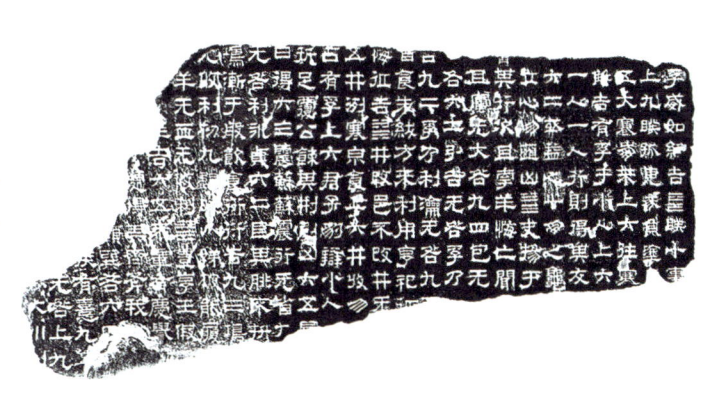

这块残石拓片右起第五行可以很清晰地看到《易经》损卦的爻辞："三人行则损一人，一人行则得其友。"这句话在民间流传很广，因为它揭示了三人难以同心的普遍规律。

年间，先后四次被杀戮、充军和禁锢的达七八百人，这种文人集团的气节在中国历史上绝无仅有。1933年，担任南京监察院院长的于右任为抢救文物，以四千银圆的高价从洛阳一个古董商人手里买来一块略似三角形的东汉刻石。后来由关中著名的史学家张扶万鉴定，确认这块残石上的字是蔡邕的书法，是《熹平石经》的一部分。这块石经的残石两面都有刻字，一面是《周易》的内容，一面是《文言》和《说卦》的内容。全石两面共有494字，是数十年来出土残石中字最多的一块。后来于右任先生为确保碑石安全，将其转运到西安碑林，使我们今天可以看着这块残石遥想一千多年前全国的学子怀着崇敬的心情来到心目中的圣地太学，在那里诵读着圣贤的话语，临摹着石经上的字迹。虽然是王朝的余光，但文人的气节随着金石永寿。

谁是冠军 ◆《张芝书帖》

建宁元年（公元168年）宦官们矫诏发动政变能够成功，很大程度上是因为他们以天子的名义蒙蔽了一个重要的将领——中郎将张奂。当时他刚刚率领军队击败羌人的入侵，驻扎在洛阳，宦官用天子的名义诏令张奂率兵抓捕了抵抗的窦武等大臣。被蒙蔽的张奂知道真相后十分悔恨，坚决辞让了宦官给他封侯。后来他辞官回乡，在水池边造了石桌凳，教儿子们学习书法，不但池水被染成黑色，还产生了两个书法家，分别是"草圣"张芝和"亚圣"张昶。特别是哥哥张芝将当时字字区别、笔画分离的草书写法改为上下牵连富于变化的新写法，创造了草书问世以来的第一座高峰。张怀瓘在《书断》中评价说："章草之书，字字区别，张芝变为今草，加其流速，拔茅连茹，上下牵连，或借上字之终而为下字之始，奇形离合，数意兼包。"张芝的墨迹没有直接存世的，《淳化阁帖》里收有他的六幅作品，其中最有名也是最有争议的就是《冠军帖》。

《冠军帖》是一封写给好友的"答书"，大意是因为生病，难以再相聚，

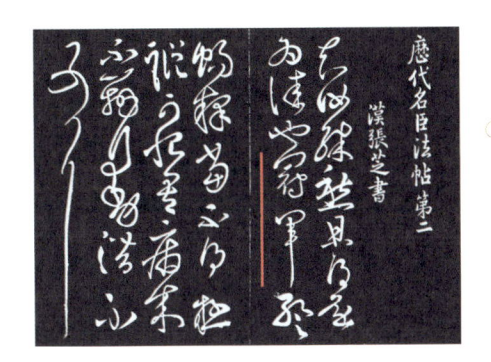

○ 西安碑林《张芝书帖》

其中的"冠军"两字是这篇书帖被称为《冠军帖》的缘由。

○ 王献之的《委曲帖》局部

《委曲帖》中"诸人悉何如,承冠军定入,计今向达都,汝奉见欣庆。但恐停日不多耳"的部分,这里的"冠军"是王献之之有"冠军"称号的朋友。

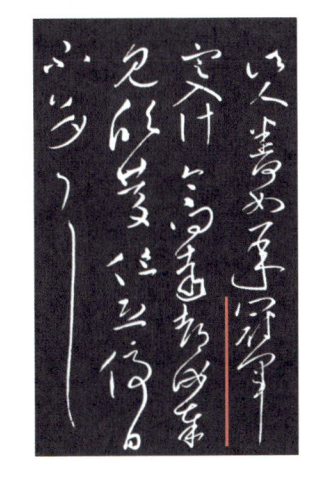

所以致歉,并且希望转告另一个朋友"左军",名称来源于碑帖里的一句话"冠军暂畅释"。碑林第七展室的《张芝书帖》就是《冠军帖》,来源于朱元璋儿子之一的肃庄王手中的《淳化阁帖》拓本。站在这块碑刻前,文字间流畅纵横气势扑面而来。汉末的书法主流除了中规中矩的隶书就是古拙厚实的章草,《冠军帖》里轻盈灵动的线条和奇诡的笔法已远远超过了同时代的书法,以至于很多人都怀疑这是后来东晋王献之的作品。除了有一些笔法接近,还有一个理由就是常年在家的张芝没什么"冠军"朋友。自从汉武帝为勇冠三军的霍去病封了冠军侯之后,汉朝一共还出了两个冠军侯,分别是燕然勒石的窦宪和东汉开国功臣贾复,不过都距离张芝的时代很远。倒是南北朝时"冠军"成了官衔,称"冠军将军",王献之的朋友张玄之就是冠军将军,王献之的书帖里"冠军"两个字出现好几次,写法也很像。

○ 西安碑林《熹平石经》残石

三国外传
——豪杰的亲戚们

○ 碑林历史文化街区陈列的《临江仙》书法作品

提到三国，人们常会想起那句"滚滚长江东逝水"。其实这句话摘自明代杨慎《廿一史弹词》中描写秦汉时期的《临江仙》，虽说排在"说三分两晋"的《西江月》之前，但词中已显现天下变幻的趋势。正如历史上三国时代之前，很多豪杰的家族就已崭露头角，不少还在其中留下了自己的故事。

司马懿的政治背景 ◆《司马芳残碑》

《三国演义》最精彩的部分就是诸葛亮和司马懿的斗智，相对于隆重出场的"诸葛卧龙"，司马懿是在第三十九回《荆州城公子三求计，博望坡军师初用兵》作为曹操的随从默默出现的，介绍他是"文学掾"，是颍川太守司马儁的孙子，京兆尹司马防的儿子。1952年，在西安市西大街出土了一块"汉故司隶校尉京兆尹司马君之碑"，碑主人叫司马芳。专家们与《晋书》等史料相比较，认为这个司马芳就是司马懿的父亲司马防，司马防是避讳三国曹魏皇帝曹芳的"芳"字时的写法。石碑出土时只剩下上半部分，正面存有16行142个字，背面上部的14行刻有属吏的名单，下部只能认出41个字。当然，也有人质疑，碑文显示主人字"文豫"，和《晋书》记的不一样。还有专家考证了石碑背后的属吏，认为这个"司马芳"是司马懿父亲"司马防"的兄弟。无论这个石碑的主人是司马懿的父亲还是叔伯，都说明司马懿家族势力不小，至少有一个人担任过京兆尹这样的重要官职，并且有高大的石碑。

《三国志》记载司马防曾经向朝廷举荐曹操，说明司马防和曹操的交情还不错，这也能解释曹操为什么选司马懿作为文学掾。三国时期很多人担任过这种类似谋士的官职，相比其他人，司马懿教了一个重要的学生——曹丕，还继承了家族最重要的基因——长寿。爷爷司马儁活到85岁，父亲司马防活到71岁。司马懿用73年时间，先后陪了曹操、曹丕、曹叡、曹芳四任曹魏政权的领导，对司马家成功掌权非常关键。除了长寿，司马懿低调做事的风格也很重要，他和诸葛亮自比管仲不同，基本上打造自己朝中重臣的形象，与诸葛亮对垒多年也不看重局部得失。直到公元249年，以他为首的司马家

○ 西安碑林《司马芳残碑》原石与拓片

族发动政变，实际控制了魏国。16年后，他的孙子司马炎称帝，司马懿被追封为"晋宣帝"。

虽然获得了最后的胜利，但历史上围绕着司马懿及其子孙的争议却从未消失，连司马家族的后代——东晋明帝司马绍，在听说了祖上夺得天下的经历后，都羞愧地说："如果是这样的话，晋朝的天下怎么可能持久呢？"

○ 陈列在西安碑林的《司马芳残碑》

在这样的争议中，后世对于司马家族的石碑应该也没有太认真地保护。石碑的出土地西安市西大街广济街口是隋唐长安城的皇城内的中轴线，不太可能竖立一块完好的晋代皇族的碑石在那里。应该是早在西晋灭亡之后不久，石碑就已倒伏损毁，残石散落各处。《司马芳残碑》是在陕西地区发现的唯一的晋代碑刻，从东汉末年分三国到魏晋更迭这一时期，虽然天下动荡，但是文化艺术方面变化纷呈。这块碑的文字书体有隶楷的风格，笔画非常坚劲险利，总体感觉又缺乏一点儿国祚绵长的大王朝的正大庄严。

曹操家族的忠臣 ◆《曹全碑》

相比司马家族，曹操家族的历史评价高得多，不过依然被认为是挟天子令诸侯的叛臣。其实曹氏家族里也有忠臣，例如和曹操同时代的右扶风槐里令曹全。他在东汉建宁二年（公元169年）被举为孝廉，担任西域戊部司马期间平定了当时西域的叛乱。黄巾起义爆发后，曹全被授予郃阳令的官职，平息动乱，维护地方治安。郃阳是古地名，属于京城长安三辅之一的"左冯翊"下属的一个县，位置就在今天陕西省渭南市合阳县。曹全到任后将属地

○ 西安碑林《曹全碑》拓片

《曹全碑》的开始部分就记载了:"秦汉之际,曹参夹辅王室,世宗廓土斥(境)竟,子孙迁于雍州之郊,分止右扶风,或在安定,或处武都,或居陇西,或家敦煌。枝分叶布,所在为雄。"说明曹全是曹参的后代,其中的"曹参"两个字非常有特点。

○ 西安碑林《曹全碑》

《曹全碑》在众多拥有华丽碑额和基座的石碑中显得十分朴实,然而它石质坚润,刊刻精良,是汉隶中"秀韵"的代表,也是保存最为完好的汉碑。

管理得很出色，而且没有给百姓增加负担。郃阳的百姓为表示对曹全的感谢，在东汉灵帝中平二年（公元185年）共同出资为他"刊石纪功"，著名的汉代隶书名碑《曹全碑》由此诞生。全碑1165字，介绍了曹全的家族背景和成长经历。《曹全碑》上写曹全的先祖是曹参，而《三国志》记载曹操是"汉相国参之后"，按正史记载，曹操和曹全都是曹参的后代，属于一个家族。当然，按照东吴人写的《曹瞒传》曹操其实是夏侯姓氏，说自己是曹参的后代属于攀附。不管怎么说，两人同时在汉灵帝时入朝廷为官，见过的可能性非常大。

《曹全碑》后来在战火中被埋入地下，近千年间都只有拓片存世，直到明朝万历年间在洽川被挖出来。出土的《曹全碑》当时立在洽水桥头，很多人前往观看，后来因大风吹倒树木砸在石碑上，《曹全碑》断为两截。为了保护石碑，人们就把它移到了合阳文庙。新中国成立后，《曹全碑》被移入西安碑林博物馆，列为重点保护文物。碑文记

○ 西安碑林《曹全碑》的局部，其中的"曹"字只有一竖

○《曹全碑》拓片的局部
这部分文字提到了（曹）君的讳名是全，字景完，是敦煌郡效谷县人。（曹全的）先祖是秦汉之际的曹参。这里的"曹"字上部写成了两个"东"字。

练习书法时写到"曹"字常会疑惑，写一竖还是两竖？其实，两种写法在古代皆有。虽然《说文解字》解释："在廷东，从棘，治事者，从日。"但是，经典的汉隶《张迁碑》《礼器碑》《曹全碑》中也常有"曺"的一竖写法。

录了东汉末年的黄巾军活动以及洽川一带百姓的反应，为研究东汉农民起义提供了可靠的资料。《曹全碑》记载曹全曾经积极给朝廷推荐洽川的文人，这批人中有一个叫"李儒"的，他被曹全提拔后成了朝廷的博士，后来被董卓重用。在《三国演义》中，他还是董卓的女婿。

东汉末期刊刻这块碑时隶书已经完全成熟，而且书写这块石碑的是曹全的下属，为了能把给上司歌功颂德的事情做得更出彩，石碑上的隶书写出了很多变化。同样的字或者笔画在不同的位置具有不同的写法，而且变化得非常自然，是汉代隶书中秀美风格的代表。

怎么回答孙权 ◆《钟繇书帖（宣示表）》

章武元年（公元221年），刘备以为关羽复仇的名义挥兵攻打东吴。孙权一面任命陆逊为总指挥率军应战，一面向曹魏称臣。魏国大臣刘晔对曹丕说，东吴称臣并非真心，只是为了对抗蜀军的权宜之计，建议曹丕出兵抢夺东吴的土地。当时曹丕刚刚称帝，觉得有人上表称臣不能拒绝，于是就让尚书在朝廷上宣读了孙权的请求，让群臣商量。当时的太尉钟繇回家后，给孙权写了一份奏表，建议接受孙权的称臣，这就是有名的《宣示表》。大意是自己觉得应该答应孙权的请求，不然孙权会变成敌人，这事儿最终还请皇帝自己定。当时全国还有忠于汉朝的人，曹丕需要尽量收服人心，所以钟繇建议对归顺的人要"待之以信"，"其所求者，不可不许"，简单地说就是对来归顺的人不要动辄就去怀疑。从维护曹丕皇位的合法性角度来说，钟繇的建议是正确的。不过从军事角度来说，这个建议让曹魏失去离统一天下最近的一次机会。《资治通鉴》里记载了当时刘晔的分析："宜大兴师，渡江袭之。蜀攻其外，我袭其内，吴之亡不出旬月矣。吴亡则蜀孤，若割吴之半以与蜀，蜀国不能久存。"简单地说，打残了东吴，蜀汉也不长久。曹丕没有接受刘晔的建议，对蜀吴战争采取了袖手旁观的态度，痛失一举灭掉东吴的天赐良机。后来的形势发展果如刘晔所料，陆逊击败了刘备，孙权立刻对魏国改变了态度。曹丕感觉受骗了要起兵伐吴，而孙权却又与刘备重新结盟，于是三国鼎立的局面真正形成。

虽然钟繇的这份奏表对天下的政局分析得一般，但是书写的楷书却成了天下无双的经典。楷书形成于汉末，全盛于隋唐，它把隶书笔画的"波折"改为"平直"，书写时更为方便，后世一直沿用。钟繇擅长多种书体，但最擅长的是楷书，被后世尊为"楷书鼻祖"，后世很多书法家都曾经潜心钻研他的书法。钟繇的小楷作品存世极少，最为人称道的就是《宣示表》，其中所具备的点画法则、结体规律等影响促进了楷书高峰——唐楷的形成。后来《宣示表》落到了王羲之的伯父、东晋重臣王导手里，王导东渡的时候将其带给了王羲之，王羲之临摹此帖而有大成。后来王羲之又将这幅作品给了王修，结果王修早早去世，他母亲就将《宣示表》给他陪葬了。所以现在存世的版本，大家都认为是王羲之临摹的。相传王羲之临摹的《宣示表》后来被南宋的丞相贾似道得到，还刻在了石头上。贾似道死后王羲之的临摹稿下落不明，但刻石却深埋在杭州，明代被挖出后经过清代和民国的辗转，直到2009年在瀚海秋拍被首都博物馆出资两千余万元收入馆藏。宋代编次《淳化阁帖》的时候，竭尽全

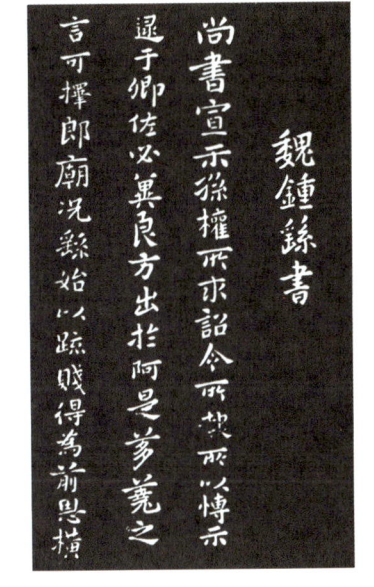

○ 西安碑林《淳化阁帖》中的《钟繇书帖（宣示表）》开始部分

《淳化阁帖》中的《钟繇书帖》是王羲之所临写的《宣示表》摹刻石的拓本。

○《宣示表》原石

《宣示表》有钟繇原书、王羲之临写、贾似道刻石共三个版本，今天只有贾似道以王羲之临写本摹刻的刻石版本流传于世。

力征集了能找到的王羲之摹本收录，其中就有王羲之临写的《宣示表》。明洪武年间朱元璋给喜欢书法的肃庄王朱瑛赐了一套宋本的《淳化阁帖》，顺治三年陕西又按肃庄王府的拓本摹刻，形成了今天西安碑林的版本，大家俗称为"关中本""陕西本"或"西安本"。

因为文章的第一句写了"尚书宣示孙权所求"，所以大家把这幅书法作品叫《宣示表》。其实文章的末尾还写了"恐不可采，故不自拜表"，明确说明了此文的目的正是在上表之前征询意见的。因此这篇文章其实不是正式的"表"，所以不少历史学家觉得应该称它为《宣示帖》。不知道钟繇最终的奏表是什么样，但孙权等到了曹魏给他的答复，安心地对抗刘备并大获全胜，最终在公元229年称帝建国。而因为《宣示表》在书法史上的地位，孙权也成为名字被临摹最多的皇帝之一。

在钟繇写完《宣示表》40年后，他的儿子钟会作为西晋的镇西将军和邓艾一起伐灭了蜀汉，之后又同蜀将姜维联合囚押邓艾图谋天下，最终钟会和邓艾两人先后被作为乱臣杀死。而后人纪念邓艾的石碑《邓太尉祠碑》最终也移入西安碑林，与众多记述三国人物的碑石一起，记录着那一段风云激荡的历史。

三国最美的女人 ◆《洛神赋》

曹魏黄初三年（公元 222 年），感觉受到孙权欺骗的曹丕征伐东吴以失败收场。同样是在这段时间，他的弟弟曹植入京朝谒。一向对这个弟弟不友好的曹丕居然给弟弟送了一个"玉缕金带枕"。只不过一直备受打击的曹植看到这件东西只会更加伤心，因为它原本属于一个三国最美的女人——"甄姬"。

○ 顾恺之《洛神赋图》（摹本）局部

东晋顾恺之创作的《洛神赋图》以曹植的《洛神赋》为题材，采用工笔重彩技法绘成长卷，用连环画的形式描写了曹植和洛神之间的故事。画卷从右端开始，第一段描绘曹植由京城返回封地，经过洛水时休息。水面上的洛神衣带飘逸、凌波而来。第二段描绘了人神殊途，不得不含恨别离。最后一段描绘洛神离去后曹植的深切追忆与思念。上图为曹植初见洛神的第一部分。顾恺之原作已纷失，现在有多个摹本存世，分别藏于辽宁省博物馆、故宫博物院（两幅）、美国弗利尔艺术博物馆等处。

○ 西安碑林清代《洛神赋》刻石拓片

《洛神赋》在开篇部分的序文中介绍："黄初三年，余朝京师，还济洛川。古人有言，斯水之神，名曰宓妃。感宋玉对楚王神女之事，遂作斯赋。"意思是作者在黄初三年朝拜京师返回时，经过洛水。因为古人曾经说"这洛水的神名叫宓妃"，作者想到当年宋玉记叙过楚王和神女的故事，于是就作成这篇赋。

甄姬有多美呢？电视剧《甄嬛传》最初的秀女大选一幕中，雍正看到甄嬛，就对太后说："江南有二乔，河北甄宓翘，甄氏出美人。"这里的"甄宓"就是那个玉缕金带枕的主人，曹丕能拿出这件东西是因为甄姬是他的女人，而且还是被他赐死的。

甄姬是正史有记录的著名美人，人们常叫的甄宓其实是民间流传的名字，史学界一般称她为甄夫人。她不仅美，而且爱读书，在灾荒时还劝家人开仓放粮。这样十全十美的女子自然人人喜爱，于是四世三公的汝南袁绍就为自己的儿子袁熙迎娶了甄姬。建安三年（公元198年），袁绍打败公孙瓒，任命袁熙去幽州担任刺史，甄姬则留在邺城侍奉婆婆刘氏。五年后，冀州邺城被曹军攻破，她又被曹丕收为夫人，生下了一男一女，这个男孩就是日后的魏明帝曹叡，他登基后就追封母亲为"文昭皇后"。本来甄姬的人生故事到这里还并不太差，丈夫曹丕的政治能力和文采都不差，只是这个男人的性格并不好。《三国志》中记载曹丕称帝后各地都进献美女，后宫不少贵人接连被宠幸，甄氏和曹丕的感情也出现隔阂，后来惹怒了曹丕，最终被赐死。关于这段历史，《资治通鉴》记载："甄后之诛由郭后之宠，及殡，令被发覆面，以糠塞口。"短短的文字里留下了一个疑点，"被发覆面，以糠塞口"。这是专门侮辱死者，单是宠幸郭皇后不会让曹丕对甄姬如此气愤。真正的原因史书没有写，

○ 王献之的《洛神赋》十三行帖的开头和末尾部分

王献之的《洛神赋》十三行帖，是他的小楷书法代表作之一。原作写在麻笺上，流传到唐宋时就已经残损。今天流传下来的刻本是宋代用真迹刻在玉石上的，从"以遨以嬉"的"嬉"字到"体迅飞凫"的"飞"字，一共十三行，包括"碧玉版"和"白玉版"。其中"碧玉版"的原石是明万历年间在杭州西湖葛岭出土的，石色深暗，所以称为碧玉。因为出土地是贾似道的半闲堂旧址，所以推测是贾似道所刻的原石。这件文物在清康熙年间被收入内府，清末流入民间，新中国成立后由国家收购，今天收藏于首都博物馆。世传的还有与此相同的一版，俗称"白玉版"，笔画比"碧玉版"略枯瘦，石花剥落的地方有刀刻的痕迹，推测是翻刻本。

但在甄姬著名的诗《塘上行》里已经写得比较清楚了。《塘上行》是述说妇女被丈夫嫌弃，经过荷塘时有感而发。其中最关键的一句"众口铄黄金，使君生别离"，讲众人诬陷她。诬陷了什么？史书上没有说，很多人都认为是曹丕的弟弟曹植和甄姬这位嫂嫂关系暧昧。证据就是曹植在朝谒曹丕后东归时，在洛水边写下了《洛神赋》，里面写的绝色无双的洛神其实就是甄姬，因为《洛神赋》本来就叫《感甄赋》，曹叡继位后才下令改称《洛神赋》。这事在唐代大学者李善为《昭明文选》作注释的时候，专门引用《东观汉记》的记载做了说明。所以《洛神赋》是曹植在洛水休息时恍惚之间遥见甄姬凌波而来的感想文，"髣髴兮若轻云之蔽日，飘飖兮若流风之回雪"都是描写甄姬的。当然也有很多正统学者给曹植的《洛神赋》安上了一个正统的说法，说文章是"托词宓妃以寄心文帝""其亦屈子之志也"，赋中所说的"长寄心于君王"是写给他哥哥魏文帝曹丕的，想表达自己愿意为朝廷服务。这种说法其实更经不起推敲，因为曹植想表忠心，直说曹丕都不一定信，绕个大弯子对他没有任何好处，也不符合他的性格。相比于君臣大义，人们更喜欢相信爱情故事。从南宋开始多次将其改成剧本，采用的大多是爱情故事的版本，新中国成立后拍摄的电影《洛神》里，曹植爱慕的也是甄姬。

除了背后扑朔迷离的故事，《洛神赋》是铺排大赋向抒情小赋转化的经典，辞采华美，描写细腻，有名的词句"凌波微步"就出自这里。晋代的顾恺之和王献之都曾将《洛神赋》的神韵转化为自己的作品。顾恺之是大画家，所以他将《洛神赋》文章的多个故事情节用类似连环画的方式，融会贯通地画成了长卷《洛神赋图》，曲折细致而又层次分明地描绘了曹植与洛神的故事。这也是现存的中国古代绘画中第一幅改编自文学作品的名画。而王献之则用小楷写了《洛神赋》，真迹在宋代被刻在玉石上，从"嬉"字到"飞"字，一共十三行，世称《玉版十三行》。后来又出现了一种赋的全篇楷书拓本，被质疑并不是王献之写的，但是书法也相当有水准。清代同治年间凤州知县郭建本就临习了这种全本，世人评价"有十三行散朗多姿之致"，于是就和他书写的《兰亭》一同刻置在碑林。

终结蜀汉的将军 ◆《邓太尉祠碑》

景元四年（公元263年），司马昭三路伐蜀，蜀国姜维在剑阁与钟会对峙，而魏国将领邓艾偷渡阴平，击败了诸葛亮的儿子诸葛瞻，灭亡了蜀汉。实际掌握政权的司马昭于是上表让魏元帝曹奂下诏褒奖邓艾，邓艾因此被封为太尉，两个儿子也被封为亭侯。战功赫赫的邓艾因此居功自傲，同样领兵的钟会趁机向司马昭诬告，说他做事悖逆不道，有叛乱的苗头，朝廷因此派监军逮捕了邓艾父子。景元五年（公元264年）钟会抵达成都，将邓艾押往

○ 西安碑林《邓太尉祠碑》

《邓太尉祠碑》为尖首碑，碑额有穿，全称《冯翊护军郑能进修邓太尉祠铭》，也称《郑宏道修邓太尉祠记》。历史上邓艾在曹魏时期的最高官位正是太尉，因此一般认为邓公即邓艾。此碑虽然是冯翊护军郑能进为邓艾重修祠堂时所立，但对邓艾很少提及，主要是对立碑人冯翊护军郑能进的官衔及其事迹的记载，记述了冯翊护军管辖的五部城堡和部族名类，并有军府将士26人的题名。

○ 西安碑林《邓太尉祠碑》的拓片

  《邓太尉祠碑》的书法以隶书为主体而杂楷法，横波磔较为特殊，起笔较重或下沉，雁尾高翘且厚，如"军"字、"三"字、"百"字、"十"字等。有些字形接近汉隶，如"御"字、"督"字、"都"字、"朔"字、"兵"字、"郡"字等力求方正。有些字形有楷化变异，如"侍"字、"史"字、"接"字、"屠"字、"夫"字等，隶楷结合尚欠成熟。这个时期碑刻由隶向楷的过渡，带有魏隶的气息。

洛阳，之后和降将姜维密谋叛乱。监军卫瓘不但平定了钟会之乱，还将邓艾处死。邓艾死后家族四散逃匿，其中很多人在关中左冯翊的重泉县（今天的蒲城县）落脚，集聚形成邓家堡，还用遗物修了衣冠冢祭祀。咸熙二年（公元265年）十一月，魏元帝曹奂禅让，司马炎即位为晋武帝。到泰始九年（公元273年），晋武帝为邓艾平反，提拔邓艾的嫡孙为郎中。不久，左冯翊的郡守与邓家的族人为他修建了公祠。到前秦建元三年（公元367年），冯翊护军郑能进看到这座祠堂"岁久颓朽"，于是就组织了修缮。竣工后还专门刻了《邓太尉祠碑》立在祠堂。这块尖首碑记述了冯翊护军管辖的五部城堡和部族名类，还有军府将士的题名。虽然内容很平常，但是保存至今的前秦碑刻只有这块碑与《广武将军碑》，因此是珍贵的十六国时期书法资料。碑刻书法以隶书为主体而杂有楷法，属于隶书向楷书转变的过渡期，是十六国时期正体隶书的典型代表。碑石原立于陕西蒲城县邓太尉祠，1970年移存西安碑林。四川剑阁县也有一座邓艾墓，是当年邓艾父子被杀的地方，墓碑上书写着"魏征西将军邓艾墓"。这座墓在"文革"期间被挖开过，发现墓穴中有两座墓室，专家认为被杀的邓艾父子就埋在这里。

（四）

纷乱的时代
——魏晋南北朝

○ 西安碑林内西安石刻艺术室陈列的西魏文帝永陵立兽

　　立兽原立于陕西省富平县西魏文帝（元宝炬）永陵前，其中之一在1959年移藏西安碑林。立兽头似狮虎，体似牛形，足似马蹄，一侧前后端还保存有阴刻云纹双翅。整个具有雄伟浑厚的北朝石刻特点，是北朝时期留存下来的为数不多的陵墓石雕代表。

千里阵云 ◆《王羲之书帖》

　　处死钟会和邓艾的卫瓘后来成了西晋的重臣，与汝南王司马亮共辅朝政，结果得罪了楚王和贾皇后，被诬陷"谋图废立"的大罪而死，女儿不断申冤才得以平反。平反还有一个原因，就是卫氏家族很庞大，在文化界也有名气。卫瓘的父亲卫觊是曹操的尚书、大书法家。卫瓘的儿子卫恒也是朝廷的黄门郎，并且写了《四体书势》，记录了汉字的起源与书体演变，从哲学和理论的角度论述了书法艺术。卫瓘的孙子卫玠是魏晋之际著名的清谈名士和玄学家，朝廷的太子洗马。卫瓘的侄孙一辈还出了一个书法家——卫铄，也就是有名的卫夫人。她从小就临摹钟繇的法帖而形成自己的风格：清秀平和，娴雅婉丽。唐人评价"如插花舞女，低昂美容，又如美女登台，仙娥弄影"。关于书法理论方面的名作《笔阵图》就是她写的，文章认为书道的精微奥妙难以用文字描述清楚，所以用了很多自然规律来阐述，为后人研习书法指明了方向，也推动了我国书法艺术的发展。

卫夫人的丈夫汝阴太守李矩去世后，卫夫人就带着幼子李充投奔了妹妹，因为妹妹的丈夫王旷是晋朝的高官，东晋开国皇帝司马睿的姨表兄弟。卫夫人为琅琊王氏家族里不少的孩子启蒙了书法。其中最有天资和最勤奋的就是王旷的儿子王羲之，卫夫人将自己对书法的理解用三堂观察课教给了这个孩子。

第一堂课，她让童年的王羲之观察毛笔在纸面上留下的痕迹，告诉他写一点要像"高峰坠石"一样体现出力量。

第二堂课，卫夫人带着王羲之在平原上凝视开阔的地平线，看着天边的云层缓缓向两边展开，轻轻说："横如千里阵云。"云层展开时就像毛笔的水分在宣纸上慢慢地晕染，"千里阵云"体现了毛笔、水墨与纸绢的关系。对沉静的大地上云层静静流动有了记忆，才能领悟天地的广阔、安静、伸张，书写的"一"才能体现与天地的对话。

○ 西安碑林卫夫人《近奉帖》刻石

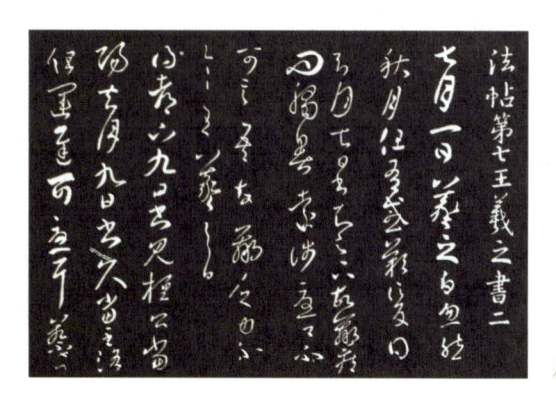

○《王羲之书帖》(《秋月帖》)

这是一封王羲之写给友人的信,从文中内容判断是王羲之晚年所书。原文是:"七月一日羲之白:忽然秋月,但有感叹。信反,得去月七日书,知足下故羸疾问。触暑远涉,忧卿不可言。吾故羸乏,力不一一。王羲之白。"

大意是:"七月一日王羲之说,忽然感觉到秋夜来临,特别感慨。有信送回来,是您上个月7日写给我的,知道您体弱患病的消息。暑天还要走远路,我对你的担心不言而喻。而我也虚弱乏力,就不一一讲了。"

这幅作品唐代的临本现藏台北故宫博物院,北宋《淳化阁帖》收录在法帖第七,刻本与临本略有出入,最后两行排列字数不统一,刻本字行或是王著入刻时所改。

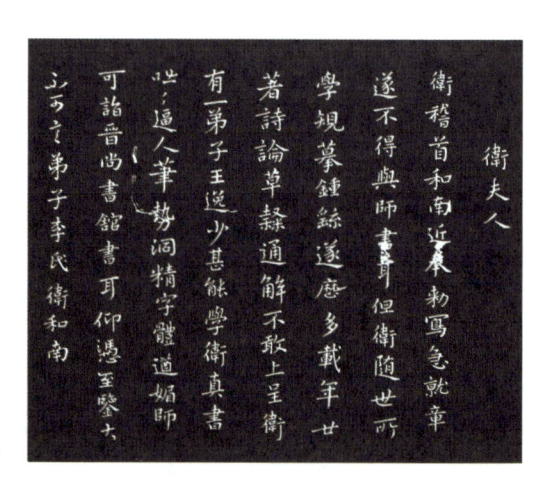

○ 卫夫人《近奉帖》

此帖是一篇卫夫人向别人推荐王羲之的文章,因为第一句是"卫稽首和南",所以也称《稽首和南帖》,里面说:"卫有一弟子王逸少(王羲之),甚能学卫真书(楷书),咄咄逼人,笔势洞精,字体道媚。师可诣晋尚书馆书耳。"

第三堂课，卫夫人教王羲之写一"竖"，她让王羲之攀在山里的老藤上，感觉经过漫长岁月成长出来的强韧。"万岁枯藤"变成了王羲之对书法"竖"的领悟，"竖"要写出拉不断的韧性和张力。

我们总说书法要"发乎其上"，因为书法之美是与生命相通的。卫夫人这三堂课也许让王羲之练了几个月或是几年，"高峰坠石"理解了重量与速度，"千里阵云"培养了开阔的胸怀，"万岁枯藤"知道了强韧的坚持。她讲的书法精髓，是对自然万物的理解，教给王羲之的既是书法，也是生命。

一定程度上说，没有卫夫人启蒙，就没有日后的"书圣"。卫夫人去世后，王羲之为她写下了饱含深情的《姨母帖》。帖文显示王羲之得到姨母去世的消息后，心情悲痛，连正常的事务都不能安顿料理。全文42个字，出现了四次"顿首"，字间多断、顿挫，除"奈何"两字上下牵连，其余都字字独立，笔画凝重、朴拙，充分表现了"哀痛摧剥，情不自胜"的心绪。也许是因为这一篇《姨母帖》显露出的情绪多于艺术，所以《淳化阁帖》没有收录，反而收录有一篇写给一般友人的答复信《秋月帖》，行笔是以提为主的一气呵成，随意自然却不失法度。在西安碑林的《淳化阁帖》刻石展室中就能看到这张法帖的碑刻，王羲之"小清新"风格的墨韵神思跃然石上。离王羲之的《秋月帖》不远，还有卫夫人给他写的推荐信《近奉帖》的刻石。

苻坚的败笔 ◆《吕他墓表》

晋永和九年（公元353年）成名的王羲之和友人在绍兴兰亭饮酒赋诗，酒后提笔为诗集作序，这便是有名的《兰亭序》。就在这篇经典完成一年后，一个叫苻坚的青年继承了前秦东海王的爵位，立志要"混六合为一家"。他猜不到，兰亭宴会上的谢安将在30年后彻底击败他。当时的苻坚踌躇满志，广招各族的贤才，不久就登上了帝位。之后的20年，他几乎统一了中国北方，一方面开始汉化改革，一方面用护军制度缓解民族隔阂。前秦建元四年（公元368年）刻立的《广武将军碑》就记录了当时冯翊、抚夷、土门三处护军的事项，上面的姓氏也显示出当时关中一代多民族混居的情况。这块石碑前后和侧面都刻有文字，作为少有的前秦碑刻，史料和书法艺术价值都很高。碑文属于汉族的隶书，但体现出游牧民族的粗率，用笔结字不求工致，有种文化融合之美。

今天立在西安碑林的这块石碑，在清代毕沅的记载里原本立在陕西宜君县（民国时在白水县被发现）。石碑因碑文里的"广武将军"四个字而得名，其实碑额上写着"立界山石祠碑"，说明当时的护军有着明确的边界。护军制源于曹魏，是用来管理内附的少数民族的制度。护军是军职，还有一定的行政权和实际管辖区域，方便协调民族间的各种问题。苻坚采用这种制度有效地解决了他统治下的多民族问题，但也为他日后的淝水大败埋下了伏笔，因

○ 西安碑林《广武将军碑》　　　　○ 西安碑林《吕他墓表》

为各地的护军从训练到装备，甚至语言都不一样。所以，当他带着多民族部队南下，认为"投鞭断流"，稳操胜券的时候，他的几十万人并没有统一的指挥体系。这使双方隔着淝水对峙时，东晋军队用喊声就能欺骗前秦的大军，让前秦的士兵将计划的后退误认为失败，导致全军溃退。而且在溃逃过程中也完全没有集中反击、相互掩护这样的概念。

苻坚兵败之后，原先归顺他的少数民族纷纷叛乱，而他在西域的西征大军却没能及时回援，前秦很快灭亡。杀死苻坚的羌族首领姚苌建立了后秦，统领西域大军的大将吕光在河西走廊建立了后凉。十几年后，后秦的第二位皇帝姚兴西征后凉，吕光的弟弟吕他（后凉的巴西公）和侄子吕隆（后凉的后主）先后归顺。后秦基本上统一西北后，积极推行汉化、儒学与佛教，与北魏、东晋形成了三足鼎立。陕西咸阳出土的《吕他墓表》就显示了当时后秦文化上的汉化，这块十六国时期的书法碑刻处于由隶入楷的阶段，没有追求"蚕头雁尾"的隶书规范，也没有《广武将军碑》那种游牧的狂放，而是有一种特殊的北朝汉味。

魏晋时不立碑，人们将原来立在地上的墓碑缩小，埋在墓里，称"墓中之表"（墓表），是墓志的一种早期形态。陈列在西安碑林的《吕他墓表》，圆首的表身与方座之间用榫卯相套，简要介绍了后秦对吕他的安抚，即封吕他为幽州刺史，以及他的安葬地和去世时间——后秦弘始四年（公元402年）。这一年，高僧鸠摩罗什开始在长安翻译佛经，中国历史上第一个国家译经场在后秦建立。虽然这座译经场与后秦一起只存在了十几年，但是从这里译出

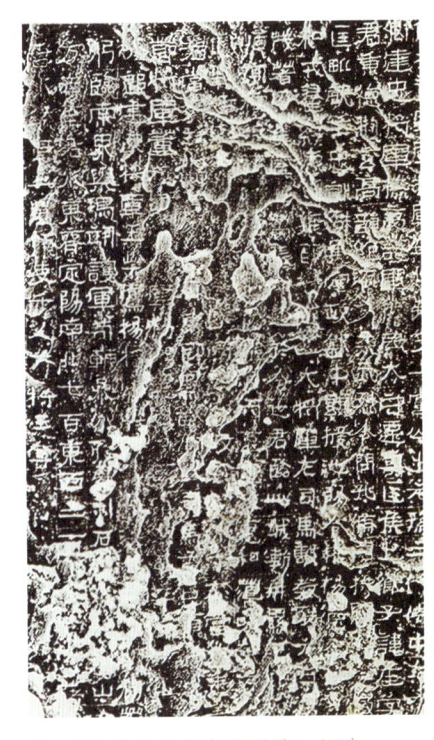

○ 西安碑林《广武将军碑》拓片

的佛经却对中国的佛教产生了深远的影响,"姚秦"这个词在文献上出现的次数也远远超过了在它前后的各个王朝,因为大部分抄写或是印刷的佛经开篇都会写"姚秦三藏法师鸠摩罗什译"。

南北朝的姻缘 ◆《王普贤墓志》

王羲之所属的琅琊王氏是东晋时期最有名的世家之一,这个氏族能在东晋成为顶级门阀,离不开三个人:王敦、王旷、王导。三人是堂兄弟,王敦带兵打仗,王旷出谋划策,王导负责联络宗室。特别是王导,一生辅佐了晋元帝、晋明帝、晋成帝三代皇帝,是东晋建立和稳固的头号功臣。东晋灭亡后,琅琊王氏依然在之后的刘宋、南齐朝廷为官,直到齐武帝杀了王导的八世孙王奂。王奂的儿子王肃就北上投奔了北魏。北魏孝文帝十分器重王肃,经常和他讨论国家大事。因为王肃是化装成僧人出逃的,随身没有携带家眷,孝文帝还把自己的妹妹陈留长公主嫁给了王肃。王肃和陈留公主成亲后不久,原配谢氏也来到北方寻找丈夫,还带来王肃的大女儿王普贤和儿子王绍。只是一家人团聚后没有多久,38 岁的王肃就离世了,儿子王绍继承了爵位,而王普贤则被选入宫中,最终成为宣武帝的"贵华夫人"。也许是王家的命数,这姐弟二人也都未能长寿。王普贤死于孝明帝延昌二年(公元 513 年),时年 27 岁。王绍死于延昌四年(公元 515 年),时年 24 岁。这两人的墓志后来都被发现。王肃二女儿的情况,也在北朝广

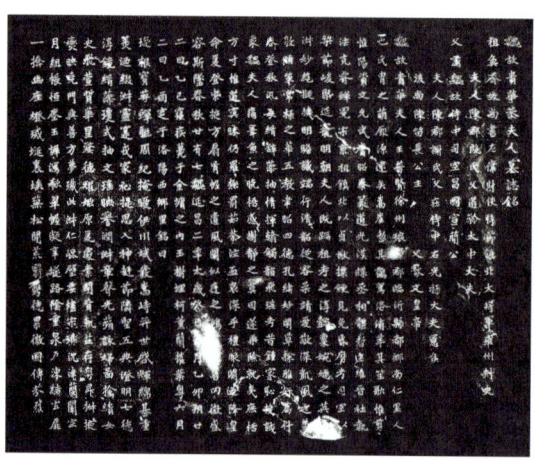

○ 西安碑林《王普贤墓志》

阳王元渊之子元湛的墓志上出现了。王普贤的墓志保存在西安碑林，全称是《元恪贵华夫人王普贤墓志》。墓志铭里写她的母亲"淑妙绝拟，机明瞻识"，是说王肃的发妻的文采。王肃的第一位妻子是南朝大文学家和大官僚谢庄的女儿，而谢庄属于南朝的另一个大世家谢安的氏族。一块墓志上，包含了南北朝几个朝廷和家族的联系。

匈奴最后的王朝 ◆ 大夏石马

就在长江两岸朝代更迭的同时，一支匈奴部落利用前秦苻坚在淝水之战失败的机会占据了朔方（今内蒙古河套地区），势力迅速发展。后秦建立后，这支匈奴人曾经短暂归顺，不久就在首领赫连勃勃的带领下，在公元407年，建立了自己的政权大夏。同一时期，东晋也在积极收复北方，义熙五年（公元409年），东晋重臣刘裕挥师北伐，消灭南燕、后秦，并在公元417年占领了长安。只不过这时，刘裕留在国都主政的刘穆之去世，他只能返回东晋。大夏王赫连勃勃趁机进攻关中，刘裕留在长安的儿子刘义真带着金银珠宝逃离长安。而赫连勃勃占领长安后，也没有定都这里。因为他已征发了十万人修筑统万城四年多，那里方便他对抗北魏。于是赫连勃勃在公元418年返回统万城，在长安设置了南台，任命长子赫连璝为大将军、录南台尚书事兼雍州牧，管理关中。大夏并非正统王朝，而且仅存了25年，所以正史中没有太多记载。直到1954年，考古学家王子云、何正璜夫妇在西安未央宫遗址发现一匹刻有"大夏真兴六年（公元424年）"字样的石马，才有了一件能够证明大夏王朝存在过的文字实物。大夏石马上的铭文为隶书，推测是当年汉长安城内的文人书写，笔画粗细均匀，横画较平，字形方正。大夏的时间很短，这时长安地区的书法碑刻还是前秦的风格，属于由隶书向楷书过渡的书体。

被发现之后，这件国宝级的石马就立于西安碑林戟门西北侧的亭子里，与唐景云钟对望。石马由整块花岗岩雕成，驻足昂首正视前方。身体采用了透雕，马腿则结合了高浮雕，两前腿与两后腿之间为保持稳固留有腿屏。前腿间的石屏上的铭文让它的文物价值倍增，被定为国宝级的文物。民国时期的《咸宁长安两县志续》曾经记录这件石马，目前推测是建筑前的石刻。大夏太子赫连璝镇守长安六年之久，石马很可能就立在他驻守的地方——汉长安城旧址东北的南台衙署。公元318年，前赵在长安建都后还没有来得及修缮城市，就开始了和后赵的战争。等到后赵占领长安，看到城市被破坏得太严重，就在东北角借用原有的城墙修建了小规模的新城，之后在这里建都的前秦、后秦、西魏、北周等朝代都利用了东北角的小城。大夏设在长安的南台衙署也位于这个区域。

西安碑林里不只有赫连家族的石马，还有他的后代赫连子悦的墓志。大夏灭亡后赫连勃勃的一部分后裔仍参与北方政权的政治生活，碑林这套墓志

○ 西安碑林大夏石马

国宝级文物大夏石马陈列在西安碑林博物馆戟门西北侧，石马的头部开有凹槽，推测当年用来安装木质的装饰品。因为石马的后方是碑林的公共洗手间，所以长期以来"国宝守厕所"成为导游向游客介绍碑林文物丰富程度的小幽默。

○ 大夏石马前腿间的铭文

大夏石马前腿间下部的石屏上刻有隶书铭文："大夏真兴六／年岁在甲子／夏五月辛酉／朔×三日×／×××将军／×××造兹／×××石／×××彰副吕／阿树。"

○ 西安碑林赫连子悦墓志盖　　　　○ 西安碑林赫连子悦墓志（局部）

的主人赫连子悦就担任过东魏和北齐两朝的尚书等职务。民国时期赫连子悦和妻子的墓志都在安阳出土，之后被于右任先生得到，在1938年捐给了西安碑林。赫连子悦的墓志盖用篆书写着"齐开府仆射赫连公铭"，墓志则用北齐风格的隶书书写，体现了北齐的书法"平画宽结"的特征，有种质朴美。

北魏风情 ◆ 《鸳鸯七志》与《晖福寺碑》

于右任先生对西安碑林的贡献很大，所捐赠的也远远不止赫连子悦和妻子的墓志。在他捐赠的300多件文物里有珍贵的《熹平石经》残石，还有著名的《鸳鸯七志》。这是北魏时期七对元氏家族夫妻的墓志，这七对夫妇去世后都埋在河南邙山。后来墓葬被盗，墓志出现在古董市场，被于右任先生收集。因为收集到了这七对夫妇的墓志，于右任先生给自己的书斋起了一个浪漫而又有纪念意义的名字——"鸳鸯七志斋"。他收藏的很多碑石也因此被称为"鸳鸯七志斋藏石"。

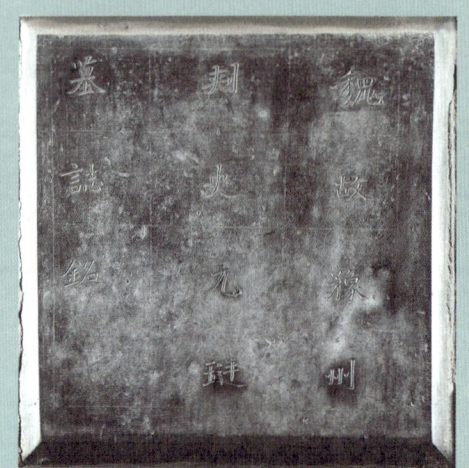

○ 西安碑林《鸳鸯七志》中的元珽墓志盖及墓志铭

○ 西安碑林《鸳鸯七志》中元珽的妻子穆玉容的墓志及墓志盖

北魏的元氏家族是鲜卑族，本来姓拓跋，是皇族宗室。北魏孝文帝推行汉化，迁都洛阳，同时太和二十年（公元496年）下诏将拓跋氏改为汉姓元氏。此后，鲜卑族拓跋氏以元姓活跃于河南、河北、山西、安徽地区，逐渐成为望族。《鸳鸯七志》中的元珽及其妻子穆玉容的志文记载，元珽是北魏景穆皇帝的孙子，穆玉容自幼聪慧机敏，虽然她比元珽大10岁，但元珽的父亲欣赏穆氏家族和穆玉容的美名，仍然向穆家求婚。穆玉容嫁给元珽后二人感情非常好，堪称"姐弟恋"的楷模。而另一方元诱夫人冯氏的墓志记载，冯氏嫁给元诱后，夫妻和睦，孝敬公婆，深得家族敬爱。

《鸳鸯七志》中还有北魏献文帝拓跋弘的孙子元谭的妻子司马氏的墓志，志文描述她温柔优雅又善于女红，这桩婚姻"二族钦风，两门称美"。这些墓志都显示出，在1400多年前的北魏，婚姻既注重门当户对，也有开明的一面。最难得的是，历经千年斗转星移，无论生前身后怎么变化，虽然盗墓贼屡次惊扰，这些夫妇的生平依然能够一起在博物馆里岁月静好。

同时，这些墓志还反映出北魏时代的书法艺术——魏碑的风格。魏碑属于楷书的一种，或者说是早期的楷书。魏楷和晋朝楷书、唐朝楷书并称三大楷书字体。唐楷注重法度，而魏碑则用笔任意挥洒。魏晋南北朝时期佛教盛行，产生了大量立碑造像的需要，推动了书法艺术和雕刻艺术的发展，西安碑林陈列的《晖福寺碑》就是这一时期的代表之一。这块碑的篆额写的

○ 西安碑林《晖福寺碑》

是"大代宕昌公晖福寺碑"，是具有独特风格的北魏早期作品，用笔与有名的《张猛龙碑》风格非常相似。这块碑原来立在陕西澄城县，记述了宕昌公建造晖福寺的事，因为当地一直禁止拓碑，所以民国以前拓本很少。1971年移藏西安碑林后，被定为一级文物。除了书法价值，这块碑还有一个鲜明的特点就是有碑穿和束腰。碑穿本来是早期碑刻上的特点，束腰更是非常少见，有人推测这样新奇的造型与刻立这块碑的人有很大关系。宕昌公是北魏太和年间著名的宦官王遇的爵号，太和十二年，王遇在他的家乡冯翊李润镇（今天陕西澄城县南三十里的北寺村）修晖福寺，并为文明太后和孝文帝各建了三级浮屠一尊，《晖福寺碑》便是为此而建立的碑记。王遇年轻时因故受腐刑成为宦官，因为有设计才能而被文明太后和魏孝文帝赏识，不但有官职，还主持了当时很多宫殿和陵寝的修建，所以不少宫殿、寺观的匾额、碑石上都能看到他的名字。他本身是羌族人，又善于书画，所以设计的东西兼容了很多特色，这块碑的造型也许就与他跌宕起伏的人生经历有关。

当时北朝和南朝碑刻的风格不一样。南方钟繇和王羲之完成了由隶变楷的过程。北方书法家则从汉魏隶书开始演化，产生了富有特色的魏碑，其笔力强劲的风格和南朝流畅变化的用笔形成了鲜明的对比。旧时西安几座城门的门额题写者是谁，一直都有多种说法，但有共同的一点就是几种字体都透露出了魏碑的风格。原因就是当时国家羸弱，大家都希望通过魏体的方劲刚武，体现中华鼎新期望。

一苇何以渡江 ◆《达摩东渡图》

因为鸠摩罗什、玄奘这样的高僧在河西走廊和西域留下了很多故事，陆路丝绸之路上的佛教交流和佛教文化的知名度非常高。其实和陆路丝绸之路同一个时期，海上丝绸之路的文化交流也开始繁荣。东汉永平十年（公元67年）西域僧人摄摩腾和竺法兰白马驮经到洛阳传播佛教，延熹九年（公元166

年）大秦（罗马帝国）的使团就已经从海上丝绸之路经由日南（今越南的顺化等地）来访。魏晋南北朝时期，更多的僧侣沿海上丝绸之路来到中国，有明确史料记载的外国僧人多达 14 人。其中最有名的就是菩提达摩从印度航海到达了中国南方，历史上称这件事为"达摩东渡"。相传达摩当时从广州上岸，听说南朝的梁武帝崇信佛教，因此前去拜见。梁武帝问达摩："我一直捐钱建佛寺，译经书，引导很多人出家，功德有多大呢？"达摩却回答说："没有功德。这些都是表象，真正的功德不是世间有为之法能达到的。"梁武帝没想到达摩会这样说，随后又继续问了几个类似的问题，都没有得到满意的回答。达摩也觉得梁武帝没有真正的慧根，于是渡江北去，前往少林寺。据说达摩是悄然离开的，所以没有人为他准备船只，他是踩在一束苇草上渡过江面的。之后达摩在少林寺面壁九年，最终开创了禅宗。"一苇渡江""达摩面壁"的典故由此而来，成为后世很多画家和工匠的创作题材。西安碑林就存有清朝初期一位自称"风颠和尚"的僧人创作的《达摩东渡图》和《达摩面壁图》两幅作品的石碑。《达摩东渡图》上的达摩用手杖背起僧鞋，赤脚踏着苇枝渡江。整幅画面采用粗细、明暗和动静对比的刻画技法，将达摩的异域形象特征表现得惟妙惟肖。《达摩面壁图》上同样造型的达摩模仿了水墨写意人物画的笔意，采用减地线刻的手法刻画。随着禅宗的流行，达摩被描述成法力无边的高僧，连武侠小说中都把他描述成绝世高手。那么，"一苇渡江"真的发生过吗？其实在《续高僧传》等相关书籍中都没有写此事，《诗经》里倒是写了："谁谓河广？一苇杭之。"大意就是"谁说黄河宽广？苇筏就能航行"。所以唐代孔颖达解释说："一苇者，谓一束也，可以浮之水上而渡，若桴筏然，非一根苇也。"这样的解释是比较科学的。根据正式史料记载，达摩是在公元 470—478 年之间，即在南朝刘宋时期到中国的，而梁武帝统治南梁是从中兴二年（公元 502 年）开始，两人很难有交集，所以历史上达摩渡江，不太可能是梁武帝派人追他，不过是只有芦苇编的简易筏子。他创立的禅宗"不立文字，教外别传"，大大降低了研习佛法的门槛，吸引了大量的信众，最终将他的故事演绎得非常神奇。

今天很多人都觉得自己了解一些禅宗，能随口说出一些禅意深刻的佛偈。那些逻辑推理严密而复杂的三论宗、法相宗等对于大众已经等于历史词汇。可以说达摩以一己之力东渡传法，产生的影响比鸠摩罗什、玄奘等这些能够称为三藏的高僧加起来还要大。某种程度上说，这才是达摩祖师创下的奇迹。

○ 西安碑林《达摩东渡图》《达摩面壁图》碑刻拓片

达摩作为西天禅宗的二十八祖，渡海东来，与梁武帝面谈不契，"一苇渡江"来到嵩山少林寺面壁九年。之后在中国始传禅宗，"不立文字，教外别传，直指人心，见性成佛"，被尊为中国禅宗初祖。西安碑林的《达摩东渡图》《达摩面壁图》碑刻创作者是清初的风颠和尚，此人俗名李福，生于甘肃。18岁休妻断指，皈依佛门，精通医术并且善画道释人物。康熙四十九年（公元1710年）圆寂于西安达摩庵，康熙帝敕封为"渗金佛祖"。

五

盛世的黎明
——张扬的大隋

○ 西安碑林隋代李静训石棺屋檐

统一进程 ◆《孟显达碑》

西安碑林第三室有一块隋代的《孟显达碑》,第六室有一块唐开元年间的《韦顼墓志》,两件文物分属隋唐,看起来风马牛不相及,然而它们却是一起被发现,一起移到碑林的。

清末宣统二年(公元1910年),一场暴雨冲开了陕西的一座古墓,咸宁县令塔成立即带人来到现场。根据墓志得知墓主人是唐代的韦顼夫妇，墓志刻成于唐开元六年（公元718年）。而有趣的是，墓中石棺椁的盖板是用隋代的墓碑改制而成的。隋代墓碑原来的主人是北魏的大将孟显达。塔成对金石没什么兴趣，只是命人重新装殓尸骨，再度封闭了墓葬。然而消息传开后，碑帖商人都有极大的兴趣，当时西安的老字号翰墨堂用钱买通村民盗出墓碑捶拓拓片出售。这事被告发到咸宁县，县令塔成将翰墨堂的掌柜抓到官府拷打，并将《韦顼墓志》和《孟显达碑》没收，存放在咸宁县衙。

孟显达是北魏将领，墓碑上的头衔是"魏故假节龙骧将军中散大夫泾州刺史"，碑文记载了他的家世与戎马生涯，显示他在北周武成元年（公元559年）去世，在隋开皇二十年（公元600年）葬在雍州。雍州是古九州之一，范围大致在今天的陕西、甘肃和青海省东部。隋朝开皇三年（公元583年），以长安及其附近地区复置雍州。到大业三年（公元607年）又改京兆郡。他下葬的时候，正是长安称雍州的时代。孟显达长期跟随的贺拔胜属于当时有名的贺拔家族，贺拔允、贺拔胜、贺拔岳三兄弟活跃在北魏、东魏、西魏的政治舞台上，直到北齐和北周时期。《孟显达碑》上的碑文也显示了这一时期从纷乱逐渐趋向统一的各种纷争。碑文的书

○ 西安碑林《孟显达碑》拓片的局部

《孟显达碑》出土时被作为韦顼石棺的顶石，碑阴向上，被雕为屋脊形。因为碑阳向下，所以碑文大半尚存。碑文书法秀劲端雅，兼有北朝书法的气息和南朝书法的风韵，笔画带有明显的隶书韵味。

法则体现了隋代的书法特点，笔画带有明显的隶意，字体秀劲端雅，既有北朝书法的气息，又有南朝书法的风韵。

谁定了"永字八法" ◆《智永真草千字文碑》

据说王羲之认为"永"字具备了楷书的八种基本笔法，所以用了几年的时间练习"永"字。之后，王羲之的七世孙子智永将"永"字所代表的书法精华总结后传给了虞世南，再经过唐代很多书法家的传承，成为中国人习字时都要学习的著名的"永字八法"。

"永字八法"涉及点、横、竖、钩、仰横（挑）、撇、短撇、捺，按笔势分为侧、勒、弩、趯、策、掠、啄、磔，将这八种笔画具体阐述为：点为"侧"（指书写时取侧势），横为"勒"（如勒马缰一样，时紧时松），竖为"弩"（像弩一样直中见曲），钩为"趯"（像踢脚一样，先蓄势再发力），挑笔为"策"（像扬鞭策马一样，笔力在末梢带出），长撇为"掠"（如飞鸟掠食一般，出锋送力），短撇为"啄"（如鸟啄食，短而有力），捺笔为"磔"（行笔如波浪弯曲之势）。大家普遍认为这是智永和尚从《兰亭序》的第一个字"永"字中总结出的。当时智永和尚居住在永兴寺阁，研习书法30年。当时笔用久了，就把旧笔头退下来，智永30年的废笔头盛满了很多大瓮，统一埋了之后被称为"退笔冢"。他成为书法家后求墨宝的人络绎不绝，门槛需要用铁皮包上防止磨损。这就是典故"铁门槛"的来历。后来的智果、辨才、虞世南都曾跟随他学习。他晚年以当时的识字课本《千字文》为内容，用真（楷书）、草两种字体写成四言文章，便于初学者诵读识字并了解书法。

今天传世的《真草千字文》有墨迹、刻本两种。智永的亲笔墨迹在历史中逐渐纷失损毁，传世极少。后来流传到日本一则墨迹本，大家一直在争论是智永的真迹还是唐代的临摹本。北宋时期，智永的千字文真迹还流传于世。大观三年（公元1109年），陕西转运副使薛嗣昌用智永的真迹刻成了石碑，

○ 西安碑林关中本《真草千字文》开始部分的拓片

《千字文》开始部分为："天地玄黄，宇宙洪荒。日月盈昃，辰宿列张。寒来暑往，秋收冬藏。闰余成岁，律吕调阳。云腾致雨，露结为霜。"大意是天的颜色是黑的，地的颜色是黄的，上下四方叫作宇，古往今来叫作宙。远古时代混沌蒙昧的状态，宇宙太阳系形成，日月开始按一定的轨道运行，寒冷的冬季来临了，暑热的夏季过去了，形容时间不断地流逝，秋季为农作物收获季节，冬季则储藏果实，以备一年之需。积累数年的闰余加在一起成为闰年中的一个月，用六律六吕来调节阴阳。云气上升遇到了冷空气就形成了雨，夜里气温下降，露水会凝结成霜。《千字文》语句平白如话，开篇部分易诵易记，并且阐述了世界运行的基础规律，是中国古代影响最大的儿童启蒙读物之一。

形成了今天西安碑林的《智永真草千字文碑》，大家俗称关中本《真草千字文》。碑额用篆字题写"智永千文"四字。碑身两面刻字，碑文竖排六层，每层楷书和行书对应，是楷书和草书并举的佳作。智永在楷书的工稳严谨中强化了自由，又在草书的自由中强化了严谨，通篇文章一笔不苟，尤其是草书各字分立，连笔精熟，是学习书法的模范。

据说当时智永一共写了800本，传给各个地方，江东的每个寺庙都送了一本。因为他的书法造诣，大家都积极地临摹学习他的《真草千字文》。从书法历史的角度看，智永《真草千字文》的规范作用甚至超过了东汉蔡邕《熹平石经》的影响。

对盗墓者的诅咒 ◆ 隋代李静训石棺

很多人都知道，当年英国考古学家霍华德·卡特在图坦卡蒙墓中发现了几处图坦卡蒙的诅咒铭文，有一处写道："谁扰乱了法老的安眠，死神将张开翅膀降临到他的头上。"其实，在中国的墓葬中也有同样的诅咒。西安碑林便有这样一副刻着咒语的石棺，墓主人李静训是隋朝左光禄大夫、岐州刺史李敏的女儿。她还有一个更厉害的姥姥——隋文帝杨坚的大女儿杨丽华。李静训9岁就病逝在隋炀帝行宫，她的姥姥以极为奢华的方式将她安葬于大兴城的皇家寺院。石棺椁采用了皇家葬仪的歇山样式，正面为关闭的门扉和棂窗，两边刻有站立的侍女和男侍卫，门窗的额、槛等处还阴刻了卷草、莲花、龙凤、宝瓶等纹饰。内部的陪葬品除了国内的珍宝，还有通过丝绸之路而来的

○ 西安碑林内西安石刻艺术室陈列的隋代李静训石棺

○ 隋代李静训石棺顶部的咒语"开者即死"

香水、玻璃杯等。同时为了让死者在地下安然长眠，除了常规防盗措施以外，还特意在石棺上刻下了"开者即死"四个字，诅咒那些妄图开棺的人。

有趣的是，根据考古资料，直到1957年发现这座古墓时，它一直保存完整，从下葬到被发现的1350年中从未被盗。如今随葬的200多件精美文物中很多都在中国国家博物馆展出。

第四章

盛世国粹
—— 锦绣大唐

SHENGSHI GUOCUI
—— JINXIU DATANG

石语长安

（一）

动物凶猛
——精彩纷呈的石雕

○ 西安碑林内西安石刻艺术室陈列的石刻

开国的实力 ◆ 献陵的犀牛和老虎

公元 618 年，农历三月，历史上充满争议的隋炀帝杨广在江都被逼自缢，已经控制了关中的唐国公李渊在大兴后殿举哀，以尽臣子之礼。三个月后，李渊接受隋恭帝的禅让，在大兴殿即皇帝位，改元武德，国号唐，以土为德，崇尚黄色，由此开创了中国历史上最伟大的朝代。只是，大家对这位开国皇帝的评价并不高，因为他有一个太出色的儿子——唐太宗李世民。如同对李渊的争议，一代明君李世民上位的玄武门之变在史书上的争议也很大。许多人都认为他下令史官篡改史书来掩饰真相。其实，并没有直接证据说明他篡改过历史。相反，正史反而有李世民要求如实记录的例证。例如《资治通鉴》记载，李世民曾向监修国史的房玄龄索要过记录皇帝一言一行的起居注，房玄龄没办法，就和许敬宗一起删减《起居注》后形成李渊和李世民两朝的《实录》（即《高祖实录》《今上实录》）呈交。李世民发现关于玄武门之变的内容写得很隐晦，于是要求"削去浮词，直书其事"，更是直言自己诛杀李建成、李元吉是为国家安定，史官没有什么需要避讳的。（周公诛管、蔡以安周，委友鸩叔牙以存鲁，朕之所为，亦类是耳，史官何讳焉！）可见李世民觉得自己没错，如实记录就行。而且，根据《唐会要》记载，李世民还把《高祖实录》《太宗实录》"并赐皇太子及诸王各一部。京官三品以上，欲写者亦听"，意思是大家都可以知道。其实这件事情上，诛杀李建成等人，没有什么问题。史书上的疑点在于，当天李渊是否立刻就认可了李世民政变的合法性，还有就是为什么认可，是不是因为尉迟敬德已经"擐甲持矛"站在他面前。因此，李世民虽然没有篡改玄武门之变时弑兄屠弟的历史，但对于逼宫李渊的方式一定有所省略。中国自古极重忠孝，所以后来李世民在"孝"字上确实下了功夫，

○ 西安石刻艺术室建设时石刻文物搬迁的场景

著名的大明宫最初就是给太上皇李渊建造的。虽然李渊没能等到这座宏大华丽的宫殿完工，但是李世民给父亲修建了当时经济条件下的豪华陵寝，尤其是陵墓的石刻大多健壮豪放还带有凶猛之气。其中较典型的石犀牛和石虎在新中国成立后被专门设计安置在碑林的西安石刻艺术室里，因为这件石犀牛重达十几吨，所以当年是先把犀牛等石刻运来摆放好，然后才在上面修建了房子。献陵是关中唐十八陵中为数不多的封土为陵，李渊之后的皇帝有点实力的都依山为陵。犀牛和老虎也不再出现了，取而代之的是高大威猛的石狮子。

献陵石犀牛不仅体形巨大，而且造型准确。石犀牛曾经向一侧卧倒，所以长期被泥土掩埋的那一半保存完好，今天还能看到雕刻精美的细小的鳞甲和纹路。细心的游客会发现这头犀牛有一点和我们印象中的犀牛不一样的地方——没有犀角，只有一个圆圆的小鼓包。这不是丢失了或者工匠们偷懒，而是当时人看到的犀牛就长这个样。献陵石犀牛的原型是越南的"圆帽犀"，也叫"爪哇犀"。《唐书》记载唐初林邑国（今天的越南）进贡犀牛数头，深得李渊喜爱。李渊死后，李世民专门让工匠按照这些犀牛的样子雕成一对石犀看守陵墓。"爪哇犀"雄犀有一只比较小的角，雌犀完全没有角。虽然曾在亚洲地区广泛分布，但今天全世界仅存50多头。中国汉代之后中原地区基本上就看不到犀牛了。到唐代，像犀牛、大象、狮子这些来自东南亚的大型野兽被养在宫廷中，不单是作为宠物，在大型的庆典和仪式上还被拉出来显示国家实力。它们的形象也被雕刻出来放置在宫殿、寺观和陵墓前。献陵的这件石犀牛的右前足上面刻着"口祖怀远之德"，推测应是"高祖怀远之德"。因为高祖是李渊去世以后的庙号，所以这则题刻是李渊死后刻的。但是"怀远之德"四个字，具有明显的政治意义，体现了李世民统治下唐帝国四海一统的盛世风貌。玄武门事变之后只过了三年，六路唐军兵锋所向彻底征服了东突厥，颉利可汗来长安归降。可以说，李世民终于为李渊和他自己两次被突厥要挟出了气，于是专门在汉长安城的未央宫请李渊吃饭，文武百官和颉利可汗作陪。找这么一个汉代的宫殿遗址吃饭，是因为当年刘邦也曾经在这儿请他老爹吃饭。这场宴会上，颉利可汗跳舞，南方的酋长吟诗，李世民让

○ 西安碑林内西安石刻艺术室陈列的献陵老虎

○ 西安碑林内西安石刻艺术室陈列的献陵犀牛

李渊充分看到了他的功绩,等来李渊称赞"胡越一家,自古未有也"。于是大家都很开心,李世民也捧赞李渊说"今四夷入臣,皆陛下教诲,非臣智力所及",然后还不忘明着说"昔汉高祖亦从太上皇置酒此宫,妄自矜大,臣所不取也",再次强调自己上位是李渊在关键时刻做出了正确的选择。

也许就是《资治通鉴》的这些相关记载,让人怀疑李渊是否有开国皇帝的实力。其实,从晋阳起兵后的种种举措来说,李渊的政治军事能力并不弱,只是儿子太强大。顺便提一下,就在李世民忙着征服四周的时候,退居二线的李渊闲着没事就又生了两个孩子。最小的李元婴后来获封滕王,在江西盖了座观赏风景的阁楼,王勃在上面吃饭的时候,写了那篇著名的《滕王阁序》。

太宗的戎马 ◆昭陵六骏

无论有多少争议,唐太宗都是中国历史上最杰出的君主,真正做到了宾服四海、万国来朝。后来有些朝代没这个本事,只好弄些蝈蝈,来个"万蝈来朝"。唐太宗不但生前被西域各国尊称为天可汗,而且他驾崩后,在长安的多位游牧部落首领都提出要殉葬昭陵。被高宗劝阻后,十四位归服太宗皇帝的部族首领,就为自己塑石像刻上名字,放置在昭陵北司马门内守陵。这十四尊刻具名称的"蕃臣像"或"蕃酋像"极具象征意义,此前此后的汉族王朝都不曾有过,说明了唐朝兼祧华夷的政治品格。

这些石像的原型人物所属的国家、民族和所任官爵在《资治通鉴》《唐会要》等史书里都有记载,当年立在昭陵北司马院南段第三级台地上,与昭陵六骏的石屏一起列置在两座东西相对的廊庑中。每座廊庑都是并排的七间,就地势从北到南逐级增高。每侧的廊庑中,北侧放置有六骏的石屏,南侧放置蕃酋石像。今天十四蕃酋像只存留有底座和部分躯干及头部的残块,而昭陵六骏则较为完好地保留了下来,使我们可以感受到盛唐雕刻艺术的魅力。

昭陵六骏其实在贞观十年（公元636年）首葬李世民的长孙皇后时就已经雕刻了，石刻中的"六骏"是李世民统一天下所骑过的六匹战马，名称分别是"飒露紫""拳毛䯄""青骓""什伐赤""特勒骠""白蹄乌"，好几个名称都是游牧民族发音，充分体现了当时的民族交流。六匹马全部采用高浮雕，准确传神地表现出各自的体态。李世民的战马都是从西域的优良马种中精选出来的，雕刻之前先由大画家阎立本画成手稿，李世民审定后再由工匠雕刻，鞍、鞯、镫、缰绳等，都逼真地再现了当时的装饰。每一匹马都配有专门的诗，由大书法家欧阳询书写后刻在马头的上方，虽然原石上历经岁月已经看不到了，但是在《全唐诗》里还能看到这些骏马当年的风采。

如果论名气，昭陵六郡无疑是所有唐代陵墓石刻中最广为人知的，除了因为这六匹马每一匹马都有自己的名字和故事，可能还有一个原因就是其中的两匹，在袁世凯执政时，被文物商勾结他儿子卖到了海外。卖到国外的两匹分别是飒露紫和拳毛䯄，尤其是飒露紫边上还配有六骏中唯一的一个人物。这个人叫丘行恭，当年李世民和王世充交战的时候，他一个人拼命救下了李世民。当时他将飒露紫所中敌箭拔出，将自己的战马让给李世民，然后手执长刀徒步冲杀，保护李世民返回唐军大营。飒露紫回营后就倒地而亡，李世民则步步胜利，最终在虎牢关俘虏窦建德，击败王世充。李世民修建昭陵时，在六骏石刻上镌刻他的拔箭形象，为浮雕作诗："紫燕超跃，骨腾神骏，气詟三川，威凌八阵。"这个丘行恭做事比较粗暴莽撞，后来最终没能登上凌烟阁。不过有生之年，他还是干了另一件能让历史记住的事情，就是跟随侯君集一起征服了高昌。当年高昌国王麴文泰，尽全力资助了玄奘，却不太听唐太宗的话。他认为和大唐之间隔着八百里莫贺延碛，西突厥的统叶护可汗跟他关系也不错，于是说出了"鹰飞于天，雉窜于蒿，猫游于堂，鼠安于穴，各得其所"。没想到唐军的精骑很快就穿越了戈壁荒漠，不但麴文泰被吓死，高昌也变成了大唐的安西都护府。

从此以后，长安城的西门开远门前记录里程的土堠上就多了一块石碑，石碑上刻有大书法家虞世南所写的"西极道九千九百里"。意思是从长安出

○ 西安碑林内西安石刻艺术室陈列的昭陵六骏

发，万里之遥都是大唐的疆域。有无数诗句可以形容盛唐，而要说疆域，一定是元稹的那句"开远门前万里堠"。昭陵六骏之所以这么有魅力，就是因为它们背负了一个国家、一个民族最强大的精神。

家族的愿望 ◆ 龙龟永寿的《李寿墓志》

不单是昭陵六骏，唐朝大部分皇家墓葬都有精美的石刻。西安碑林的石刻艺术室里就陈列着一套皇家墓葬的石门、石椁和墓志铭。墓主人李寿是唐高祖李渊的堂弟，在李唐建国过程中，曾经在长安策应并协助李渊占领京城，同时李寿和儿子李孝一直支持李世民。所以，李寿去世后，唐太宗给他的葬仪等级非常高，石门、石椁的尺寸比太子亲王的还大。不过，因为李寿毕竟只是淮安郡王，所以在石门、石椁的装饰上不能使用皇家的纹饰。这反而让这套石刻不但精美，而且风格独特。两米多高的石门正中的兽首是祆教的胡天火神与汉族的辟邪结合的样子，门扉里面的天王装饰着异域的宝珠和飘带，还配有宗教风格的怪兽和神鸟。石椁不但外面雕刻四神、武卫、文武侍从、乘龙驾凤仙人等，内部还阴线刻立乐伎、坐乐伎、舞伎、仕女、天王等数十人。而石椁上侍女身材全部都是纤细、清瘦的。最有特色的是墓志铭，外形是灵龟，用龟甲作为志盖。石龟头部双目圆睁，獠牙及门齿外露，极其威猛。龟背上镌刻"大唐故司空公上柱国淮安靖王墓志铭"，龟身腹部刻写着志文。这种南北朝隋唐时期龟形墓志一共才发现了六方，而李寿是所有人里面身份地位最高的。

古代龟为四灵之一，汉代王侯印用龟纽，魏晋南北朝立碑用龟趺，把墓志雕刻成龟形，是龟崇拜的一种。很多人认为把墓志雕刻成龟形，是李唐王朝对于长寿的向往。唐朝很多人，如李灵龟、陆龟蒙、李龟年等名字里都有"龟"字，都是取龟的长寿和祥瑞。只不过，批准李寿葬仪的李世民并没能长寿。李寿去世十几年后，从公元643年到公元649年，尚武的唐太宗只狩猎

○ 西安碑林内西安石刻艺术室陈列的李寿墓的龟形墓志铭与石椁

过一次，可见身体状况很差。为了健康，他开始找药吃，甚至从国外引进药石。公元649年，唐太宗吃了印度术士炼制的丹药身体反而更不舒服，再吃御医开的药，结果病更重了，不久就逝世了，享年仅52岁。

也许，这只龟并不是一只平和的寿龟，反而更像是"龙龟"。"龙龟"是对唐代各种龟身龙头的动物的统称。我们常说"龙生九子"，其实直到明代，大家都还没有说清楚这九个儿子到底是啥。明朝陆容的《菽园杂记》、李东阳的《怀麓堂集》、杨慎的《升庵集》、李诩的《戒庵老人漫笔》、徐应秋的《玉芝堂谈荟》等著作中，对龙的儿子的情况记载都不一样。从审美角度看，龙是古人的艺术创造，它将鱼、鳄、蛇、马等具体动物组合，形成含蕴多种物象的形象。这座背负着墓志的龙头石龟也是一种艺术的融合，玄武门之变后的唐太宗为展示贞观新气象，在礼仪制度等许多方面都做了改革，加入了更多样化的文化内涵，与之前的很多惯例并不吻合，体现出这位皇帝对治理国家的探索。

信道的皇帝 ◆ 端陵鸵鸟

唐代出名的皇帝多，贞观的太宗、开元的玄宗以及女皇武则天都是中国家喻户晓的人物。除了这些政绩斐然的皇帝，还有一位皇帝也很出名，只不过不是因为文功武德，而是因为他崇道抑佛，这就是唐武宗李炎。他在位期间一方面积极革除积弊，削弱宦官，一方面在会昌五年（公元845年）下令拆毁天下佛寺，只给各地保留主要寺庙。拆下的寺院材料用来修缮廨驿，金银佛像收入国库，铁像铸造成农器，铜像及钟、磬用来铸钱。寺院的土地和人员主要充实税源和兵员，对外抗击回鹘等外族，对内削弱藩镇势力。史书上一方面称"会昌中兴"，一方面也称"会昌法难"。而唐武宗本人因为长期服食道教的长生丹药，在会昌六年（公元846年）驾崩于大明宫。年仅33岁的他，葬在端陵。端陵不像唐朝武宗之前的皇帝陵寝，不是依山为陵，而是

○ 西安碑林内西安石刻艺术室陈列的端陵鸵鸟

积土为冢。陵墓不奢华，规划也中规中矩。端陵现在还存有华表、翼马、鸵鸟、仗马、翁仲以及蕃酋殿等遗迹，呈现了唐代皇家陵墓的特点。

端陵的一尊鸵鸟是在长方形背屏石板上用减地高浮雕手法雕刻而成，体形硕大，后肢粗壮，在新中国成立后迁移到了碑林博物馆。我国新生代第三纪晚期也曾有鸵鸟，后来环境变迁，鸵鸟仅存于非洲，所以我国历史文献中没有鸵鸟。汉代丝绸之路正式开通后，鸵鸟蛋和鸵鸟被送到中国，文书记载："雁身驼蹄，驰走如疾，日行七百里"，还能"食铜铁，啖火炭"，具有超常特性。唐代和西域、北非诸国都有交往，对鸵鸟的认识进一步加深，很多帝王陵的神道两侧都有石雕鸵鸟做装饰。端陵的鸵鸟底部及后方刻有起伏山峦，仿佛在讲述这只鸵鸟经过千山万水来到大唐的旅程。

唐朝已经开始与统治北非的阿拉伯帝国交往，到中、晚唐时，阿拉伯帝国第三任哈里发正式派使节访华，与唐朝政府建立了外交关系。阿拉伯帝国拥有优越的地理位置和先进的航海技术，善于经商的阿拉伯商人把中国的丝绸等运往非洲，换取各种土特产再运到中国，其中就包括鸵鸟。只不过当时的中国因为不了解非洲的情况，一直没能人工饲养和繁殖鸵鸟，因此一直把鸵鸟视为很珍贵的动物。鸵鸟是热带动物，习惯栖息在荒漠，而且需要吃沙子，当时唐朝人给鸵鸟喂的都是精饲料，鸵鸟没有砂石摄入，死于肠道疾病只是时间问题。而且鸵鸟蛋需要在37摄氏度的高温下孵化40天，长安城的盛夏也达不到这个标准。

中断的工程 ◆ 蟠螭碑首

西安碑林的石刻大多是有明确主人或来源的，因为碑刻和雕塑一般都是为了纪念某个人或某件事制作的。不过，这里也有一件不知来历的文物，却放在展厅中间显眼的位置。这件文物是一块精美的蟠螭碑首。作为全球首屈一指的石碑博物馆，西安碑林本来不缺各种碑首，但是这件碑首太精美了，上面雕刻的三螭吐水、迦陵频伽和桓娑等体现了唐代艺术的气魄。

三螭吐水是碑首两侧常见的装饰，也常用在建筑排水。螭属于龙属，《说文解字》说："螭若龙而黄。"唐代封演的《封氏闻见记》里写道："隋氏制五品已上立碑，螭首龟趺。"说明隋代已流行"螭首"。历朝历代的螭首里，唐朝的最有张力，眼睛、鼻子和嘴都有一种凶猛的动感，四肢和爪子也显得十分有力。不单是碑首上的螭，就连皇家常用的龙，唐代的样子也很刚毅，常见的"走龙"是猛兽的造型，而唐代以后常见的盘龙更像是装饰，虽然也瞪眼，但总像是宠物。

碑首正面和背面的迦陵频伽与桓娑都是佛教的艺术造型。迦陵频伽也叫妙音鸟，是佛国世界的神鸟，形象大多是人首鸟身，有的歌舞，有的奏乐。桓娑的形象其实就是天鹅，在古印度，天鹅是联结、平衡和生命的体现，有时甚至是梵天的化身。石碑上飞翔的桓娑背后升起莲花，象征着从六道轮回中解脱，这也是佛教的吉祥图案。古印度地区常用桓娑为塔命名。佛教传来中国，一些名称会有些转化，因为桓娑的形象跟大雁相似，便起名"雁塔"。

○ 西安碑林内西安石刻艺术室陈列的蟠螭碑首

武则天当年就写过："舍利全身，咸升雁塔。"所以"雁塔"最早并不特指哪座塔，而是一个通用说法，有名的"大雁塔"是延续了传统。

令人不解的是，这件精美的碑首没有刻字。有资料里说这是雕好的备用品，等需要的时候再刻字，这其实不太符合古代工艺。古代运输大型碑石容易磕碰，所以都是把石料先运到使用地附近，然后雕刻。这块碑首出土地西安东关在唐代有不少佛寺，石碑应该是正在寺庙内雕刻，因变故工程戛然而止。工程停止的原因可能是安史之乱，也可能是会昌法难，甚至有可能是唐末的朱温迁都，总之停下来就没有再开始。这倒是给今天留下了一方完好的碑首，埋在地下没有经过风吹日晒，可以看到当年长安工匠的传神刀工。

二

佛法西来
——帝都古刹的传奇

○ 西安碑林石刻艺术馆大型佛像展区

一字千金记录的杖策孤征 ◆《大唐三藏圣教序》

贞观十九年（公元645年）的二月二十五日，在历时18年后，高僧玄奘终于回到了故土。因为这位传奇人物，长安城连续五天"四民废业，七众归承"。人们都以为之后的玄奘很轻松，其实他要面对的问题并不简单。李唐王朝包容各种宗教，但是皇室将老子（李耳）作为先祖，道教天然具有皇家的支持。所以玄奘需要得到李世民的真正支持，让自己能广布正法。当时唐太宗正在洛阳筹备辽东战役，希望玄奘到朝廷做官，而玄奘则希望安心译经。经过多次畅谈，两人达成了共识，玄奘在弘福寺译经，同时整理编写西域的人文地理情况，并把《道德经》译成梵文。在之后的日子里，那个时代最伟大的两个人都显示了自己的睿智。玄奘在各项工作中优先完成了唐太宗最关心的任务，只用一年时间就带着徒弟辩机编写了十余万字的《大唐西域记》，两年后与其他学者和道士们完成了梵文版的《道德经》。《大唐西域记》翔实的内容为唐朝经营西域提供了极大的帮助，甚至近代去中亚探险的欧洲学者和印度考古学家还在利用这本书上的知识。在完成这些工作的同时，玄奘依然坚持了自己的原则，在涉及学问的问题上从来没有妥协过。这也是玄奘翻译五千多字的《道德经》需要很长时间的原因。他的学术成果可以用《大唐西域记》序文里的一句话来形容："《谈天》无以究其极，《括地》讵足辩其原。"李世民支持玄奘先后在弘福寺、慈恩寺、西明寺、玉华宫等地设立了佛经译场，很多资金和人员都是由朝廷的官员，甚至是宰相出面协调的。而李世民给予玄奘最大的支持莫过于在玄奘翻译完成《瑜伽师地论》之后，亲自为玄奘所翻译的经书写了序言，这就是有名的《大唐三藏圣教序》（简称《圣教序》）。

这篇被唐太宗敕令列为所有经卷之首的序文最初由褚遂良用楷书撰写，后来弘福寺的怀仁和尚为了弘传佛法并让唐太宗满意，就开始汇集王羲之的字，制作王羲之书法的《圣教序》。今天我们能看到的《圣教序》一共有三种，一种镶在大雁塔下，面向大雁塔入口的时候，右手边的石碑就是。大雁塔入口的左手边还有一块石碑是李治写的《圣教序记》，一般字帖上把它们印在一起，但它们实际上是两块石碑。李世民的碑文是竖排自右向左书写，李治的碑文是竖排自左向右书写。《圣教序》碑上的时间是永徽四年（公元653年）十月，《圣教序记》碑上的时间是永徽四年十二月，说明它们是在同一年相继完成的，这是《圣教序》最原始的版本，人们称为《雁塔圣教序》。因为《雁塔圣教序》是由太宗和高宗两位皇帝撰文，大书法家褚遂良书写，所以被称为"二圣三绝"。

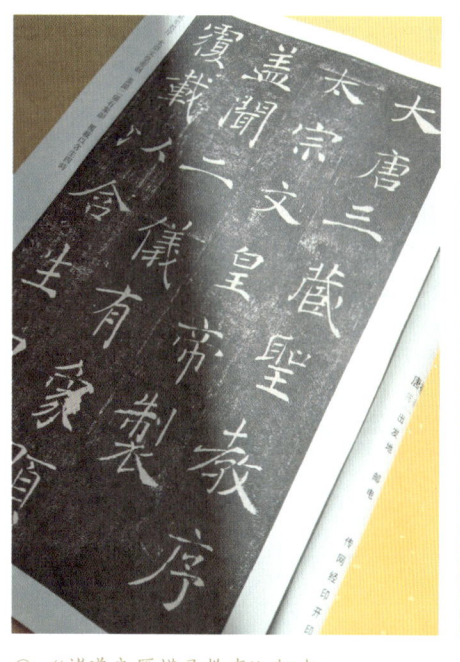

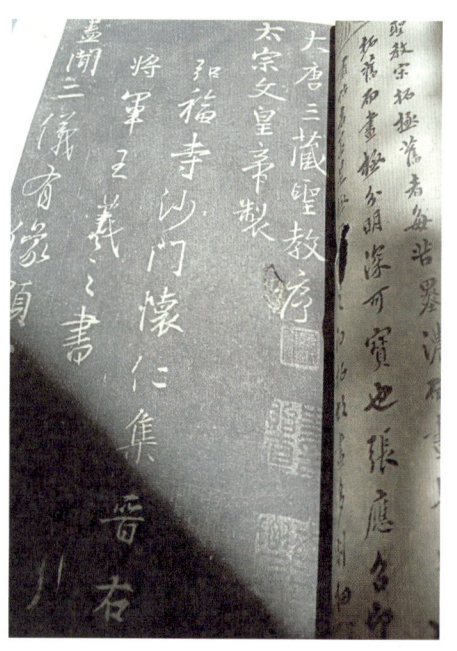

○ 《褚遂良雁塔圣教序》拓本　　　　　　○ 《怀仁集王羲之书圣教序》民国时期拓本

《圣教序》多处涉及佛教用语，序文的开头从开天辟地的宇宙观说起："盖闻二仪有象，显覆载以含生。四时无形，潜寒暑以化物。"是一个宇宙生成的概述，二仪是阴阳两种状态。"易有太极，是生两仪"，两仪是阴仪和阳仪，这是中国哲学表达对立的两种状态。

十年后，即位为皇帝的李治在龙朔三年（公元 663 年）巡视同州（今天陕西省大荔县），想起去世的褚遂良曾在这里做官。也许是联想到褚遂良维护了自己的太子地位，而自己却为了武则天将他流放。于是李治下旨翻刻褚遂良写的《圣教序》，在一块石碑同时刻上了《圣教序》和《圣教序记》。石碑最早立在同州官厅，所以被称为《同州三藏圣教序碑》。《同州三藏圣教序碑》后来被移入西安碑林，因此有时也被人们称为《碑林圣教序》。

咸亨三年（公元 672 年），怀仁和尚的团队终于完成了汇聚王羲之书法字体的《集王羲之书圣教序》。在朝廷的支持下，他们用将近 20 年的时间，从所有能找到的王羲之墨迹中一字一字地精选，没有的字用偏旁部首组合，并且兼顾每个字之间的连续。传说由于内府墨迹字数有限，曾经悬赏"一字千金",从民间重金征集所缺之字,所以完成的石碑又被称为"千金碑"。这次刻立石碑的时候比之前多刻了不少内容,除了太宗的《圣教序》和高宗的《圣教序记》,还包括李世民和李治笺答玄奘的谢表,以及玄奘翻译的《心经》和参与这项工作的人员的名单。因为此碑是收集王羲之的字刻立的,所以叫作唐怀仁集王羲之书《大唐三藏圣教序》,也简称《集王圣教序》。因为碑身上部刻有七尊佛像,所以也称《七尊圣教序》,这块石碑历经辗转,在宋代被移到文庙(之后的碑林)保存,使得西安碑林存有两块《圣教序》石碑,并且都是书法艺术的经典。

　　李世民和李治之所以要给玄奘写笺答的谢表,是因为玄奘收到李世民父子写的《圣教序》和《圣教序记》后,专门回信致谢,于是李世民和李治又分别回信。唐太宗在回信里说自己的《圣教序》写得不够好,配不上抄经的金简,像是瓦砾混进了珍珠之中,收到了玄奘来信说序文写得不错,实在是过奖。应该说,玄奘称赞李世民的《圣教序》文章写得好,绝不是奉承。

○ 西安碑林《同州圣教序碑》　　　　○ 唐怀仁集王羲之书《大唐三藏圣教序碑》

一千多年以来,《大唐三藏圣教序》在书法艺术上的传奇使得人们的关注点经常集中在文字的书写上。其实,《大唐三藏圣教序》的文章写得非常优美,全文从宇宙的生成和运行开始,写到玄奘西行,最后祝愿佛法广布,"与乾坤而永大"。尤其是其中"乘危远迈,杖策孤征"两句,成为史上对玄奘不畏艰辛的旅途最好的概括。

往生净土 ◆《隆阐法师碑》

麟德元年(公元664年),63岁的玄奘法师圆寂,"京邑及诸州五百里内送者万余人"为他送葬。在他曾经翻译佛经的慈恩寺、西明寺内,一位从终南山吾真寺来的高僧善导,也在奋力弘法。善导宣传向阿弥陀佛礼拜诵经能够往生极乐净土,这比起玄奘讲的唯识法相更容易理解,称为"净土宗"。五年后,善导成为长安实际寺的寺主,并且经常入宫为李治夫妇说法。咸亨三年(公元672年),李治委托善导以"检校僧西京实际寺善导禅师"的名义,奉敕监造洛阳龙门卢舍那大佛。善导前后督造三年,完成任务。永隆二年(公元681年)善导圆寂后,他的弟子怀恽等人将他安葬在神禾原上,修建了十三层的"崇灵塔",并在塔下建了香积寺。今天的香积寺内有第一任住持净

○ 西安碑林《隆阐法师碑》残损的上部

《隆阐法师碑》的用石质地良好,雕刻也非常精美,上部虽然残损了,但依然可以看出,相比一般唐代碑首常见的"三螭吐水",这块石碑在碑额的位置还雕刻了"一佛二菩萨"像。

○ 西安碑林《隆阐法师碑》拓片　　　　○《隆阐法师碑》侧面的纹样

《隆阐法师碑》侧面的纹样雕刻得非常深刻，是典型的唐代缠枝宝相花。这样的图案是盛唐艺术的代表，也是一种四方连续设计，有多种样式，在很多地方都作为装饰使用。

业的灵塔，根据保存在碑林的《香积寺大德净业法师塔铭》可以知道，当年的"崇灵塔"就在不远处。香积寺建成后，王维经常来这里，还写下了著名的《过香积寺》，并且留下了绘画。

永昌元年（公元689年），怀恽继承了实际寺寺主的职位，并且以此为基础不断弘扬净土宗脉，将净土宗发展成为盛唐佛教的十大宗派之一。大足元年（公元701年）怀恽法师圆寂，四年后被朝廷敕谥"隆阐大法师"。

后来弟子们立碑记录了善导和怀恽的事迹，这就是《实际寺故寺主怀恽奉敕赠隆阐大法师碑》，简称《隆阐法师碑》。虽然无法知道碑文的书写人是谁，但是碑文中有不少与《集王圣教序》碑结体相同的字形，不失为学习唐代行书的良好范本。石碑的背面刻着宋乾德四年（公元966年）篆书大家郭忠恕用古文、篆、隶三种字体写成的《三体阴符经》。说明这块最初立在实际寺的石碑在宋代已被移至城内的孔庙，之后背面也被利用，并且移入碑林保存至今。

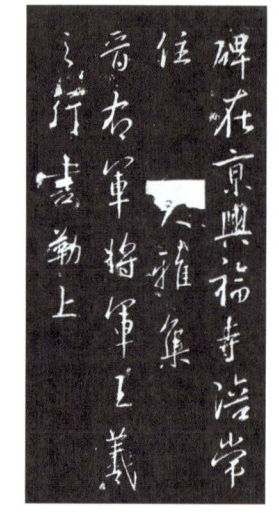

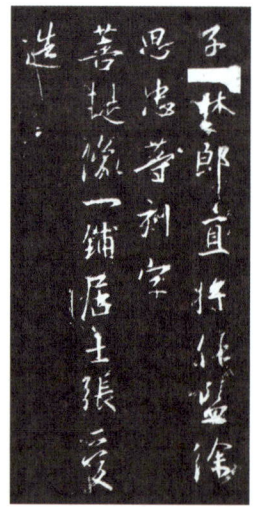

种种误解◆《兴福寺残碑》

王羲之的墨迹在唐代就已经很珍贵，用他的墨迹集成的碑帖当时也非常少，西安碑林也仅有两块唐代的集王羲之字的碑刻。除了有名的《集王圣教序》碑，剩下的一块叫《兴福寺残碑》。这块碑在开元九年（公元721年）于长安城修德坊兴福寺刻立，因为出土时仅存下半截，所以人们俗称其为"半截碑"。出土后一开始放在南城隍庙里，明万历年间移到碑林里。碑文是唐代兴福寺的僧人大雅等人收集王羲之行书所刊刻的，残存35行，每行20多个字，碑身两侧刻有精美的花鸟和人物。这块碑是为一位宦官所立的功德碑，因此碑文里全是奉承赞美的话，没有太大的历史价值。虽然时代晚于《集王圣教序》，但是用来学习王羲之的书法，在行气和结字上也不失为精品。有的地方将这块碑称为《吴文碑》或《镇国大将军吴文碑》，是因为曾经将碑文残字中的"公讳文"上面的一个字认作是"吴"字。现在从文法的角度，大家基本认为上一句末应当为"矣"字。启功先生在他的《启功论书绝句百首》中就指

○ 西安碑林《兴福寺残碑》拓片的局部

出过这一部分应该是"惟大将军矣，公讳文"。真正的碑主人的名字在石碑的上半部分，已经不得而知。不过这个宦官有"镇国大将军"的官职，还有妻子，碑文里甚至还描写他的妻子"圆仪替月，润脸呈花"，这让很多人非常不解。古代文人写东西一般可以称赞别人妻子品行高尚，但很少夸容貌，因为涉嫌轻佻不尊重，所以常有人解释这是讽刺宦

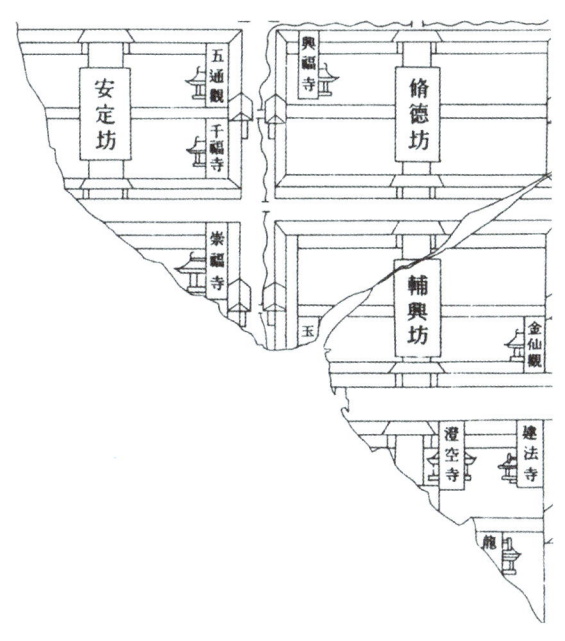

○ 西安碑林吕大防《长安图》残石里标示出的兴福寺、千福寺等寺庙与相关里坊

官。这种观点现在听着有道理，其实当时写文章的人绝不会这么干。唐代的宦官不是文盲，这个给寺庙捐钱的金主还是镇国大将军，没人会明着讽刺。这种写法是想模仿《诗经》里《国风·卫风》中《硕人》一篇的写法，在描写"齐侯之子，卫侯之妻"时，用了不少这样的句子，例如"齿如瓠犀，螓首蛾眉"。至于为什么模仿得让人看着别扭，道理也很简单，这种文章一般也请不来文采太高的人来写。

今天的西安城内已看不到唐代的兴福寺建筑，它的名字也没有长安樊川八大寺那么著名，不过在当年，兴福寺曾经非常辉煌。寺庙在贞观八年（公元634年）由唐太宗下令修建，最初叫弘福寺，神龙时期改称"兴福寺"，从西域取经归来的玄奘以及主持刊刻《集王圣教序》的怀仁和尚都曾住在这里，有名的《集王圣教序》石碑最初也立在这里。兴福寺与邻坊的千福寺和崇福寺等寺庙都位于太极宫外，在太宗时期这里是最接近政治中心的宗教建筑群，使用的土地也大多是皇族或重臣曾经居住的宅邸，发生过不少历史故事。

梦想成就传奇 ◆《多宝塔感应碑》

就在修德坊里兴福寺的僧人们忙着收集王羲之墨迹的时候，长安城里的楚金禅师捧着《妙法莲华经》（简称《法华经》）读到《见宝塔品》时做了一个梦，梦里他见到多宝佛塔显现，如来分身遍布法界。醒来后，他发愿要建多宝佛塔，为此每天只吃一餐。六年后，安定坊里千福寺的怀忍法师在夜间见到有泉水流到千福寺中，同时还有宝塔从空中悠悠降下。后来他遇到楚金禅师，才猛然醒悟缘由，于是和楚金禅师议定在兴福寺内修建多宝塔。佛经里说在众多佛塔中，有一种安置多宝如来之塔，称之为多宝塔。多宝如来又称宝胜佛、大宝佛，是《法华经》的护持和赞叹者。《法华经·见宝塔品》讲述每当诸佛宣说《法华经》时，多宝佛塔必从地涌出，出现于诸佛之前。在信众们的支持下，佛塔开工建造，楚金禅师每天都会到现场读诵《法华经》，附近的人常会听到空中有天乐一同奏响，而且有香气。转眼就到了天宝元年（公元742年），安定坊东北方向大明宫里的唐玄宗在梦中见到空中有佛塔和"楚金"两个字，醒来觉得很奇怪，于是问周围的人。有大臣提起了楚金禅师正在修佛塔的事情。于是唐玄宗大笔一挥拨了五十万钱、一千匹绢，作为建塔费用，还亲自书写了多宝塔的塔额。

这一下，整个长安城都知道了这件事，于是捐资和前去帮工的人络绎不绝，"千家献黄金，万匠磨琉璃"，多宝塔很快建成，完工的那天五色祥云飘在塔顶之上，长安城全城的百姓都目睹了这一盛况。从幼年出家开始，楚金禅师就一直在抄写《法华经》，塔建成时里面收藏了他抄写的一部血书《法华经》、三十六部金字《法华经》、一千部墨本《法华经》，还给有缘的信众们也分送了一千部墨本《法华经》。这些传奇的事迹最后都记载在一块石碑上，这就是《大唐多宝塔感应碑》，后来多简称《多宝塔感应碑》。碑中记载的"感通帝梦"的故事，不仅见于各种佛教感应记事中，连诗人岑参也有"明主亲梦见，世人今始知"的诗句。在《多宝塔感应碑》的背后（碑阴）还刻写了记录楚金禅师事迹的《楚金禅师碑》。

天宝十一载（公元752年），石碑刻好后立在安定坊的千福寺，这里原本是章怀太子李贤的宅邸。咸亨四年（公元673年）他将自己的宅子捐出来作为佛寺，于是有了千福寺。李贤的身世和死因在历史上有很多疑点，但他喜好结交文学青年是公认的。在他还是沛王时，从朝廷七品的散朝郎里选了个青年作为王府修撰，这个青年叫王勃。同时，李贤还懂音律，《旧唐书·李嗣真列传》记载李贤被废黜太子之前，曾经谱过一首《宝庆乐》。应当欢快喜悦的曲子由他谱写后，却暗含愤懑抑郁。因为章怀太子的文化影响，千福寺里很多题字都出自名家。匾额是上官昭云的手书，西塔院的照壁是王维的书和画，东塔院的匾额是高力士的墨迹，还有怀素等人留下的书法。怀仁刻制的《集王圣教序》碑后来也曾经迁来放置在千福寺当中。嗣圣元年（公元684年）章怀太子在流放中被武则天派人逼迫自尽，英国公李敬业就在扬州起兵反对武周，找到一个很像李贤的人，借李贤的名义昭告天下。天下文人响应的很多，其中就有素来清高的骆宾王。当时年老的他没有办法跃马横刀，却为起义军写下了著名的檄文《为李敬业讨武曌檄》。这篇檄文一气呵成，势如奔马，连武则天自己在读到"一抔之土未干，六尺之孤何托"时都赞叹不已。文人提笔就可以把皇帝骂得淋漓尽致，天子看着征讨自己的檄文感叹遗漏了人才，这才是盛世。

《多宝塔感应碑》在北宋时先移入当时的文庙，之后移到今天碑林的位置。碑文是一个叫岑勋的人写的，碑上写他出身"南阳"而没有写官位，说明这是一个平民。不过这个平民有个很有名的酒友——李白。《将进酒》里"岑夫子，丹丘生，将进酒，杯莫停"说的就是他。而碑文的

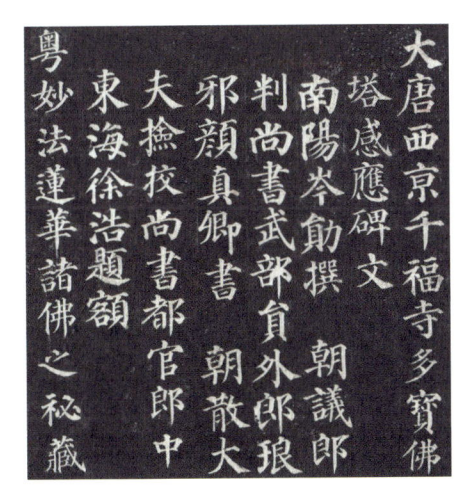

○ 西安碑林《大唐多宝塔感应碑》拓片（局部）

书写者就更有名了，是当时朝议郎、尚书武部员外郎颜真卿。写这块碑的时候，44岁的颜真卿正值中年，全碑严整庄重，挺健雄伟。碑文藏锋起笔，收笔用顿笔和回锋的较多，横撇轻，竖捺重，尤其是捺画，有"蚕头燕尾"的动感。《金石萃编》中称这块碑的书法是"近世掾史家鼻祖"。在颜真卿的传世碑刻中，这块碑书写厚重，而且石料坚硬细腻，运用的是直刀深刻的技法，历经一千多年的捶拓依然字口清晰，对赏鉴颜真卿书法、校考碑文和拓本都十分有利。

碑文中记载这块碑是由"许王瓘及居士赵崇，信女普意、善来稽首，咸舍珍财"出资捐造的。许王瓘是指李瓘，当年的许王李素节的儿子。《旧唐书》"高宗中宗诸子列传"中记载许王李素节被武则天处死后，后代里很多人被杀，只有少子"琳、瓘、璆、钦"年龄太小，被长禁雷州，唐中宗复位后下诏封李瓘为嗣王。《多宝塔感应碑》刻制的时候，李瓘想起这里曾经是章怀太子的旧宅邸，又想起同样死在武则天时期的父亲，为了给他们祈福，他成为一个坚定的出资人。同时《多宝塔感应碑》还有一个重要的出资人——唐玄宗李隆基，在多宝塔落成的时候，他专门派人送来了铜香

○ 千福寺遗址出土唐代"官"字款敞口白瓷碗

○ 千福寺遗址出土唐"官"字款三尖瓣白瓷花口盘

炉等不少东西。1985年，曾经在千福寺的遗址上发现了一个灰色的陶罐，里面装着"官"字款的白瓷百余件，都产自当时的定窑，造型细致精美，胎体光润洁白。推测是当年唐玄宗捐给佛寺的瓷器，在安史之乱爆发时埋入地下。岁月荏苒，当年的多宝塔和千福寺已经倒毁，只有相关的文物还在博物馆之中讲述着当年的传奇故事。

藏在碑石里的无上秘法 ◆ 《不空和尚碑》《梵汉合文陀罗尼真言经幢》

《玄秘塔碑》不但碑文是名家写的，题写碑额的徐浩也是大书法家，他是宰相张九龄的亲外甥，唐玄宗和肃宗两位皇帝的内府书法鉴定的主持。西安碑林里保存有他书写碑文的《不空和尚碑》，是为纪念印度高僧不空三藏的业绩而刻立的。唐玄宗开元年间，三位印度僧人善无畏、金刚智和不空，来到中国传法，创立了汉传佛教的密宗，史上称这三位僧人为"开元三大士"。其中的不空不但为僧人一行灌顶，还接受玄宗的委派，到狮子国（今天的斯里兰卡）去送国书。天宝五载（公元746年），不空带了许多经典返回长安，之后入宫内建立道场，还为玄宗做了五部灌顶，被玄宗赐号"智藏"。后来安史之乱爆发，不空在长安经常和唐肃宗秘密联络，所以肃宗还都后对不空格外看重。唐代宗即位后，进不空为"鸿胪卿"，加号"大广智三藏"。

大历九年（公元774年），不空大师圆寂，悲伤的唐代宗辍朝三日，同时赐谥号"大辨正广智不空三藏和尚"，并下诏为不空建造舍利塔。舍利塔完工后，建中二年（公元781年）为了纪念这位奔走在西域、大唐和南亚之间传播佛法

○ 西安碑林《不空和尚碑》早期拓本

的高僧，专门刻立了《不空和尚碑》。碑文由御史大夫严郢撰写，记述了佛教密宗的传承历史，以及荣任唐王朝玄宗、肃宗、代宗三朝国师的不空和尚的业绩。

不空在唐朝收的弟子很多，有福先寺的一行、金阁寺的含光、新罗的惠超、青龙寺的惠果等。其中一行是不空和善无畏、金刚智共同的弟子，不但是有道高僧，还是一个科学家。因为一行预报日食的水平超过了当时的道家易学，唐玄宗就委托他编修历法。他编制的《大衍历》首次注意到太阳在黄道上运行同样的角度，所用的时间并不一样，因此对之前平均分配的节气进行了修正，将秋分到冬至、冬至到春分调整为88.89天，春分到夏至、夏至到秋分调整为93.73天。编制好的《大衍历》问世后从唐代使用到明代，直到利玛窦的中国学生徐光启和汤若望编订了新的历法。而不空的真传弟子惠果住持青龙寺期间弘宣"真言大教"，并设立灌顶道场，被尊为"三朝供奉大德"。贞元二十年（公元804年），日本入唐求法学问僧空海来到青龙寺拜惠果为师，惠果倾囊相授。获得密教正宗嫡传名位和向后代传法身份的空海返回日本后创立了真言宗，成为日本宗教界和教育界的一代宗师，电影《妖猫传》里来大唐学习无上秘法的日本僧人原型就

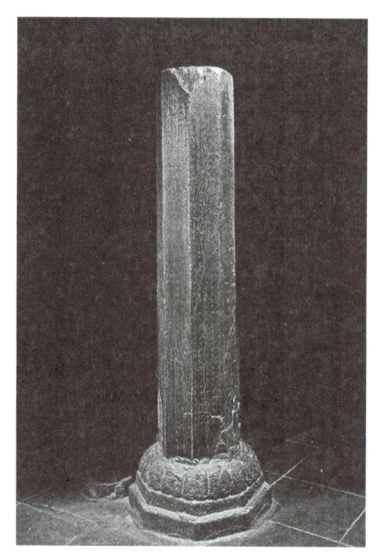

○ 西安碑林《梵汉合文陀罗尼真言经幢》

是空海。

空海所求的无上秘法其实主要就是密宗的《佛顶尊胜陀罗尼经》，据说是释迦牟尼为了让善住天子免受各种苦厄而传授的。因为这部经不但能超度亡者，而且能帮助世上的生者对抗一切恶道，因而在唐代各种汉译佛经中脱颖而出，吸引了各阶层的广大信徒。同时，密宗还宣扬《佛顶尊胜陀罗尼经》有一个特别神奇的功能——"尘沾影覆"。经文中提到，人们如果看到写有《佛顶尊胜陀罗尼经》的绢或纸张，或者保存有《佛顶尊胜陀罗尼经》的寺庙、佛塔、经幢都会得到庇护，甚至只要是佛塔、经幢的影子洒在身上，上面的尘埃飘在身上，都有助于消除罪业。而且针对各种诉求，还有对应的仪轨（密宗仪式）配套持斋诵念。老百姓都希望寻求幸福的方法能简单一点儿，于是刻着《佛顶尊胜陀罗尼经》的经幢就被大量竖立，而且越做越高，成为一种独特的佛教艺术形式。与汉地的经幢相对应，藏地在隘口和路边竖起五彩的经幡、撒出漫天的风马，都是同样的目的："度一切苦厄"。

在唐代，《佛顶尊胜陀罗尼经》有多个译本，善无畏、不空、义静和佛陀波利都翻译过。全文两千多字，主要是叙述释迦牟尼对《佛顶尊胜陀罗尼经》威力的讲解以及教授的持诵方法。经文里有三百多字的"尊胜陀罗尼真言"，这是《佛顶尊胜陀罗尼经》产生威力的核心部分，也就是人们常说的"无上秘法"。西安碑林里有一根《梵汉合文陀罗尼真言经幢》，上面就有密宗的很多真言，除此之外还记载了不空和尚翻译《陀罗尼真言经》的情况。梵汉两种文字镌刻的尊胜陀罗尼真言经幢并不多见，碑林的这件唐代经幢也因此弥足珍贵。透过斑驳文字，依然可以感受到当年空海看到它们时的激动之情。

法海父亲的文章 ◆《玄秘塔碑》

唐文宗开成元年（公元836年），大达法师端甫圆寂，葬在长安的长乐原南边。他是继玄奘法师后又一位有名的高僧大德，一生历经了德宗、顺宗、

○ 西安碑林《玄秘塔碑》　　　　　　　○ 《玄秘塔碑》拓片（局部）

宪宗、穆宗、敬宗、文宗，一共六位皇帝，每个皇帝对他都很尊敬。他曾任左街僧录（当年的佛教协会会长）、内供奉（皇家特聘专家）、三教谈论引驾（儒释道三教的学术权威），被御赐三品以上公服、紫金鱼袋。"大达"是文宗赐给他的谥号。文宗还敕令为他建造一座存放灵骨的"玄秘塔"，并立碑纪念。这就是《唐故左街僧录内供奉三教谈论引驾大德安国寺上座赐紫大达法师玄秘塔碑铭并序》，简称《玄秘塔碑》。这篇纪念碑文，是由当年的宰相（同中书门下平章事）裴休撰写的，文采非常好。裴休来写这篇文章不单是皇帝安排，也是他自己的佛缘。他的儿子裴文德青年时就中了状元，成为翰林。后来有皇子重病，裴休安排儿子代皇子出家求福。于是皇帝以重礼将裴文德送入沩山密印寺，拜在当时禅门沩仰宗创始人灵佑禅师足下，获赐法号为"法海"。后来法海禅师燃烧自己的一节手指，发誓愿重修倒毁的佛寺道场，结果在基建过程中意外掘出一批黄金。这件事上报给朝廷后，唐宣宗深为感动，直接将黄金留在寺院作为供养，并敕名金山禅寺。后来金山禅寺成为江南地区最大的禅宗丛林，法海禅师也被称为金山寺的"开山裴祖"。裴休送儿子出家时，专门写了《警策笺》，劝勉儿子勤奋学道，文章朴实而感人。后来，禅宗将这篇文章收入《禅门日诵》中，成为禅宗修行者人手一册每日必诵的功课。

正是因为对佛法的崇敬，裴休在完成玄秘塔碑铭的写作后，觉得应该由大书法家来书写碑文（虽然他的字也很好），于是大名鼎鼎的柳公权登场了。柳公权是唐朝中期著名的书法家，写《玄秘塔碑》的时候他已经60多岁，书法内敛外拓，运笔健劲舒展。大家都认为《玄秘塔碑》是柳公权书法的里程碑，标志着"柳体"书法的完全成熟，对后世影响深远。《玄秘塔碑》在唐会昌元年（公元841年）刻成，在北宋初年被移入府城孔庙，之后又被吕大忠迁移到"府学之北墉"（今天西安碑林所在地），与《开成石经》《石台孝经》等诸多唐代名碑一起成为碑林藏石。除了曾在宋代断裂，保存基本完好。因为它的笔画圭角分明，起止交代得很清楚，所以历来被作为小朋友初学楷书的正宗范本，成为印刷量最大的字帖之一。

禅茶一味 ◆《大智禅师碑》《慧坚禅师碑》

"菩提本无树，明镜亦非台"，这句有名的偈语是禅宗的六祖惠能说的。他说这个偈子是对应神秀的"身是菩提树，心如明镜台"。经常有人说惠能的偈子比神秀的境界高，其实这两个偈子没有高低之分。惠能认为可以"见性成佛"，被称为"顿悟派"。神秀强调"时时勤拂拭"，是"渐修派"，他按照这种思想创立了禅宗北派。神秀的法号是"大通禅师"。西安碑林有一块开元二十四年（公元736年）的《大智禅师碑》，记载了大智禅师到荆州玉泉道场跟随大通禅师（神秀）学禅的事。大智禅师的法号是在他圆寂后追谥的，他

○ 西安碑林《大智禅师碑》碑额

还有一个禅文化爱好者熟悉的法号"百丈禅师",他制定的《百丈清规》所规定的修行生活仪轨,促进了禅宗发展为独立的宗派,推动了禅宗的发展。《大智禅师碑》由严挺之撰文,史惟则书写碑文并篆额。石碑碑阴的文章比碑阳的晚五年,也是史惟则书写的。他是唐代有名的书法家,尤其擅长写隶书。这块石碑上的隶书从起笔落笔到间架结构,都充分体现了唐代隶书的特点,有人将它称为唐代隶书第一碑。

西安碑林里还有另外一位禅宗高僧的碑刻《慧坚禅师碑》。慧坚禅师是禅宗第八代弟子,年轻时遇到禅宗七祖神会大师学到了心要。安史之乱时,神会曾经在各地为朝廷募捐军费,被朝廷称为"荷泽大师"。所以他的弟子慧坚到达长安后被尊为宗师,并受诏命居住在招圣寺。慧坚曾经在贞元初年入宫为太子讲禅,他在贞元八年(公元792年)圆寂后,弟子普济等在长安龙首的西原建塔立碑纪念他,碑文记录了他的事迹和言论,以及受睿宗、德宗器重的情况。书写碑文的孙藏器是唐代的刑律专家,主张依法治国,反对以情代法,《全唐书》里记录有他的著作《对恤刑策》《对刑法得失策》《对往代为刑是非策》等。同时他还是一位书法家,碑林收藏有他书写的《秦朝俭墓志》

《骆夫人墓志》两方墓志。

　　盛唐时多个佛教宗派流行，最后形成十个主要宗派，到后来发展成为汉传佛教八大宗派。其中禅宗提倡的很多观点一般老百姓也能听懂，"不立文字"的教法使得文化程度不高的人也能参禅悟道，因此很快发展壮大。《指月录》里记录有人去拜访赵州的一个禅师，禅师问他是否来过，客人说来过，于是就让他"吃茶去"。下一个客人回答说"没来过"，禅师也让他"吃茶去"。被问为何总让人"吃茶去"，禅师依然答道："吃茶去。"这个典故后来成了禅宗著名的法语。明朝徐贲为此写诗道："锡影孤亭日，茶香小灶烟。师心如定水，应悟赵州禅。"唐贞元十二年（公元796年），日本列岛渤海国的使团准备去大唐，先去当时日本的国都平安京汇报，日本朝廷就委托使团将沙金300两转交给在唐朝长安的日本僧人永忠。这个永忠当时已经在长安学习了将近20年，也听过慧坚"荷泽法脉"的禅法。后来他回国时携带了茶叶茶籽，按唐朝的习俗请嵯峨天皇饮茶，天皇吟出"吟诗不厌捣香茗，乘兴偏宜听雅弹"的诗句，下令在各地种植茶树，饮茶参禅逐渐成为上流风尚。今天日本茶道已经发展形成了一整套技艺，茶室中也经常悬挂那句有名的"禅茶一味"，体现了品茶和观照内心之间的联系。

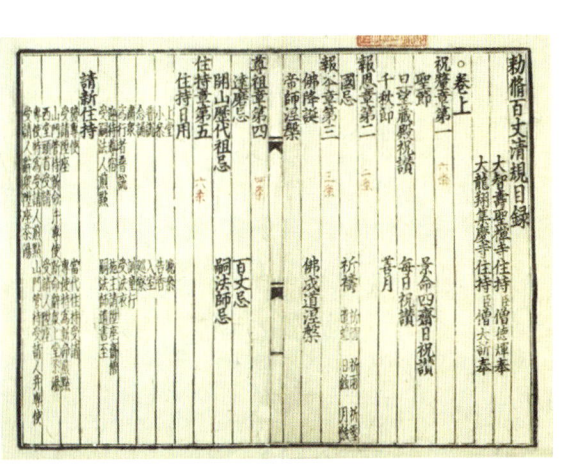

○《慧坚禅师碑》碑额拓片　　○ 大智禅师生前编写的《百丈清规》目录

○ 西安碑林《大智禅师碑》侧面的浮雕

《大智禅师碑》的雕饰非常华丽，特别是碑侧浮雕着宝相花与菩萨、瑞鸟、迦陵频伽等图案，是唐代碑侧纹饰中最繁丽的代表。

三

万种风情
——辉煌包容的社会风尚

○ 西安碑林石刻艺术馆《唐代天王像》

这尊《唐代天王像》呈弓形站立的姿态，威武的铠甲上飘带随风舞动。虽然头部和手臂残缺，但依然强烈地表现出刚柔相济的美感和英武。

对隋朝的认可 ◆《皇甫诞碑》

除了从外族手里名正言顺夺回江山的政权（例如明朝），禅让是历代改朝换代时最愿意采取的形式。唐朝代替隋朝是禅让，所以对于隋朝的忠义官员，唐朝一样认可。隋文帝末年，汉王杨谅在并州（今天的太原）造反。并州司马总管皇甫诞劝阻不成被杀害。唐代贞观年间，李世民同意他儿子皇甫无逸为他在墓前立碑，彰显芳烈。石碑立在陕西省长安县（今天的长安区）鸣犊镇的皇甫诞墓前，全称是《隋柱国左光禄大夫弘义明公皇甫府君之碑》。本来是墓前一块表述功德的石碑，但是因为书写者是大书法家欧阳询，所以广为人知。在明代初年移存西安碑林，简称《皇甫诞碑》。欧阳询曾经出任过隋炀帝的太常博士，投靠过夏王窦建德，在武德五年（公元622年）归顺唐高祖李渊。书法在平正中见险绝，被称为"欧体"。这块碑和《九成宫醴泉铭》都属于他的代表作。他不仅会写，还是一位理论家，在实践中总结出练书习字的八法，所撰的《传授诀》《用笔论》《八诀》《三十六法》等比较具体地总结

○ 西安碑林《皇甫诞碑》拓片

○ 《皇甫诞碑》刻有"恭孝为基"的局部

"恭孝为基"意思是做人要以谦恭和孝顺为基本，因此欧阳询的这四个字经常被摹写后挂在宅院的门楣或厅堂上。

了书法用笔、结体、章法等书法形式技巧和美学要求。碑文的撰写者于志宁是"贞观十八学士"之一，曾参与《隋书》的编写，具有渊博的学识和出色的文笔。《皇甫诞碑》全文 1800 多字，叙事严谨，辞藻精丽，还引用了很多典故，是骈文中的上乘之作。

雍容华贵 ◆《石台孝经》

今天的西安碑林入口的标志就是有名的《石台孝经》和它的碑亭。因为石碑的碑身刻着《孝经》，立在三层方形石台上，因而称为《石台孝经》。这是西安碑林的迎客第一碑，有着"一碑成林"的美誉。这块石碑不仅是碑林空间上的原点，也是时间上的起点。今天的西安碑林就是在它和它身后的《开成石经》的基础上发展而来的。

《孝经》是儒家十三经之一，由孔子的学生曾参记述他与孔子的问答，主要讲"孝"和"悌"。经过两汉魏晋以及宋齐梁陈，注解《孝经》的学者有近百家，其中有不少纰漏谬误。唐玄宗推行以孝治国，因此召集了不少学官商议《孝经》的注解，在天宝二年（公元 743 年）完成了这项工作。天宝三载（公元 744 年）他诏令天下，要各家收藏《孝经》让子弟精读勤学，并且在第二年亲自书写《孝经》，由宰相李林甫和国子祭酒李齐古负责镌刻成石碑。整个石碑由四块长方形巨石结体而成，碑文是李隆基亲自作序、注释，并以自己喜爱的八分隶体书写。碑首上雕刻着瑞兽神龙飞舞在万里云海，碑座由线刻双狮和蔓草纹饰的三层石台垒起。碑额上的篆书"大唐开元天宝圣文神武皇帝注孝经台"16 个字是由当时的太子（后来的唐肃宗）李亨题写的，碑首、碑身、碑座一共用了 35 块巨石。

说实话，当时的皇族内部，很多关系并不好处理，例如太平公主的作乱、唐玄宗和太子的关系等等，唐玄宗确实是希望通过提倡孝道理顺父子兄弟之间的各种关系。他自己也努力做出了各种样子，史书说"上素友爱，近世帝

○ 西安碑林《石台孝经》

王莫能及之"。比如他特地做了长枕头、大被子。还在宫殿中设立了"五幄",方便与诸王一同休息,称为"五王帐"。虽然明代李贽在《史纲评要》中评论玄宗此举"近儿戏",但这些做法确实起到了一定的凝聚作用。开元天宝时期,他的兄弟们像宁王、岐王、薛王等能够天天吟诗作画、歌舞升平。于是长安城内有了花萼相辉楼的故事,有了任仁发的名作《五王醉归图》,还有安史之乱后杜甫见到李龟年时的感叹:"岐王宅里寻常见,崔九堂前几度闻。"当年李龟年是宫廷乐师,岐王等人能够随便请皇帝身边的乐师,不仅是特权,还是信任,不害怕自己有什么事情传到玄宗那里。要知道,在岐王和薛王把王维介绍给玉真公主的晚宴上,宫廷乐师可不少。给皇帝的亲妹妹介绍小帅哥,这必须是很熟的关系才敢做。

这样开放的心态也反映在《石台孝经》的书法艺术之上,相比汉代的书法,李隆基写的这篇隶书起笔落笔特别张扬,蚕头非常厚重,雁尾十分舒展。其实这就是盛世的精神,张扬潇洒。如果在博物馆看惯了一个个丰满的盛唐侍女俑,再看这《石台孝经》的隶书,就能理解当时的审美。比如当时的贵

○ 《石台孝经》上的"以孝治天下"

《石台孝经》上留下了两位帝王的四种字体,记录了盛唐时期"以孝治天下"的思想。由于石质极佳,并且雕刻精良,在照片中原本凹陷的文字,经常会出现凸显的光影效果。

妃，雍容华贵。唐玄宗是中国书法史上有名的帝王书法家，石碑上还有他的御批行书"孝者德之本，教之所由生也，故亲自训注，垂范将来。今石台毕功，众卿之善职，览所进本，深加用心"，一样是丰腴华丽。就这样，一块石碑留下了两位帝王的多种字体，成为盛唐碑刻的代表之一。

《石台孝经》最初立在务本坊的国子监中，唐末韩建缩建长安城后，它被移到唐尚书省旧址西隅，北宋元祐二年（公元1087年），吕大忠又将它与《开成石经》等碑石一起迁到"府学之北墉"，从此这里逐步汇聚碑石，成为西安碑林900多年历史的开端。今天我们看到《石台孝经》碑亭内的地面远低于周围，这是因为近代碑林最大的一次整修（1937—1938年）进行时，按照梁思成先生的整修方案，在翻修碑亭时将地面挖低，露出了三层台基，这一形式一直沿用至今。新中国成立后整修时，又在四块石材中间发现了宋金时期的木刻版画《东方朔盗桃》和《集王圣教序碑》的整幅南宋拓本等文物。今天已经很难考证这是什么人在什么时间放进来的。被发现的《集王圣教序碑》的南宋拓本已入选第一批《国家珍贵古籍名录》，木刻版画《东方朔盗桃》也成为研究版画艺术的珍贵文物。

千古楷模◆《争座位稿》

历史上伟大的书法家很多，每个人都有自己的特色，所以从来没有排过名次。不过如果把书法和人品放在一起评价，那颜真卿毫无疑问是楷模，而且没有之一。今天不少人对他的印象多是字帖上方正遒劲的"颜体"，却不知他一生风风雨雨起起落落，至死精忠报国。

颜真卿出生在景龙年间的长安，青少年时见到的是开元盛世，听到的是《颜氏家训》。中年为官时和权相杨国忠针锋相对，据理力争，也因此被排挤到平原郡（今天的山东德州）去做太守。这一去，成就了他的一世英名，也带给他很多悲愤和痛苦。

平原郡属于平卢、范阳、河东三镇节度使安禄山的辖区，当时安禄山反叛的苗头已经显露，只是唐玄宗不信，连杨国忠说的话也不信。知道这一点的颜真卿一方面把自己伪装成一个爱好书法的文人，一方面悄悄地修城墙、攒粮食。天宝十四载（公元755年），安史之乱爆发，号称20万的叛军烟尘千里，鼓声震地，兵锋直指洛阳和长安。当时海内承平日久，几代人没有见过战争，叛军所经过的州县都望风瓦解。这时，颜真卿向大家证明了大唐的文人也能打仗。他不但率领三千将士守住了平原郡，还招募了一万多义军。远在长安的唐玄宗起初听到

○ 西安碑林里碑石上"颜真卿"的名字

安禄山反叛的消息，叹息说："二十四郡，曾无一人义士邪！"直到颜真卿派出的参军李平到长安报信，玄宗才感叹："朕不识颜真卿作何状，乃能如是！"颜真卿的堂兄颜杲卿当时担任常山（今天的河北正定）太守，也杀了叛军的将领举兵抵抗，和颜真卿遥相呼应。一时间周边17个已被占领的郡都归顺朝廷，共同推举颜真卿为领袖抵抗叛军。

安禄山攻破洛阳后，把守城官员的头颅送到平原郡示威。颜真卿直接杀了使者，一边装殓祭奠，一边安慰军士这不是唐军将领的头颅，大唐的国都还在。当时如果不是唐玄宗听信了宦官和杨国忠的谗言，要求积极出击而造成潼关失守，等到边境的守军和各地的义军汇集起来，叛乱应该可以很快控制。可惜，唐玄宗没想到，名将哥舒翰带领20万唐军居然败了。

在安禄山进攻洛阳的同时，史思明的精锐也在全力攻打颜杲卿防守的常山郡，甚至用颜杲卿的儿子颜季明（当时被叛军俘虏）的性命威逼他投降。结果颜杲卿毫不理睬，颜杲卿的儿子颜季明坚贞不屈，大骂叛军。史思明恼羞成怒，将季明残酷杀害并全力攻城。在坚守多日之后，城池失陷，颜杲卿被俘虏后，叛军将他押到洛阳。安禄山见到颜杲卿说："你之前不过是小户曹，是我让你当了太守，我有什么对不起你，你要反我？"已经65岁的颜杲

○ 《争座位稿》

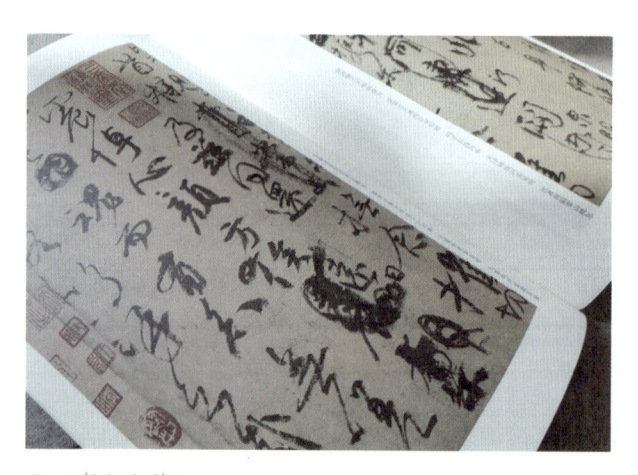

○ 《祭侄文稿》

卿反唇相讥:"你不过是个放羊羯奴,天子让你做三镇节度使,有什么对不起你的,你要造反?我家世代忠臣,如今为国讨贼,岂能说反!"被激怒的安禄山命人把颜杲卿绑在天津桥上凌迟,颜杲卿骂不绝口,被钩断舌头依然含糊不清地谩骂叛贼,直到死。这一天,颜杲卿的幼子颜诞、侄子颜诩以及袁履谦,都被先截去了手脚迫害致死,30余名颜氏族人一同殉难。

两年后,颜真卿收到侄子颜季明的首级,情难自抑,愤然提笔写下了《祭侄文稿》:"贼臣不救,孤城围逼。父陷子死,巢倾卵覆。天不悔祸,谁为荼毒。念尔遭残,百身何赎。呜呼哀哉……"因为悲痛,所以颜真卿书写时的情感跌宕起伏,运笔也无意于细节上的工、拙,而是笔随心动,一气呵成。很多人都讨论过这篇文稿与《兰亭序》的排名问题,其实这不是一个境界的书法。《祭侄文稿》包含了一个家族视死如归的牺牲,全文共235字,加上涂抹的34字,合计269字,表达了疾恶如仇的忠义。这篇《祭侄文稿》经过历代收藏,流传有序,成为无可争议的唐代书法家颜真卿的真迹,甚至知道准确的写作年份（公元758年）。北宋和清代都收藏在内府，抗战期间文物南迁，《祭侄文稿》被带到台湾，至今保存在台北故宫博物院。2019年，日本东京博物馆曾经联系全球所有能借到的书法珍品举办了一次书法艺术展，名字就叫"颜真卿——超越王羲之的名笔"特别展。展览上日本国宝级的珍品智永墨迹《真草千字文》、台北故宫博物院的怀素《自叙帖》、褚遂良《黄绢本兰亭序》、香港中文大学的《麻姑仙坛记》等书法瑰宝交相辉映。而《祭侄文稿》在一个单独的展厅，有数位工作人员专门看护管理。全球的书法爱好者都前来瞻仰，所以观众只能排队，在作品前不能持续停留。很多人带着孩子前来，只为在作品前告诉他们颜真卿忠勇的人格，可见大家对颜真卿和这幅作品的敬仰。

长安收复后，颜真卿作为抗击叛军的功臣重回长安，没有居功自傲，依然刚正不阿。唐代宗广德二年（公元764年），名将郭子仪平定了宦官弄权激起的叛乱，胜利还朝。唐代宗命文武百官隆重欢迎，而负责安排仪式的郭英乂为了讨好宦官鱼朝恩，不顾规制将鱼朝恩排在六部尚书之前。这个鱼朝恩

从西安碑林的《争座位稿》上可以看出，这其实是一篇手稿，写作时并没有刻意追求书法上的表现。在"高自标致"之前，有一处明显的涂改，充分说明了颜真卿想表达对官员向宦官谄媚的蔑视和愤慨，相对于书写更关心如何用词。

○ 西安碑林《争座位稿》刻石

○ 西安碑林所在的书院门入口牌楼上的牌匾

多次谗毁郭子仪,并且专政弄权,颜真卿一直看不惯。于是对于这样的献媚之举,颜真卿愤然致书斥责郭英乂,这就是有名的《争座位稿》。全帖字里行间洋溢着的忠义之气,充分体现了颜真卿的正直刚烈。因为是手稿,所以书法随意自如,挥洒有度。原迹是用秃笔写在一共七个折页上,北宋熙宁间安师文按照原帖摹刻成碑,保存在西安碑林。后来因为原帖失传,大家都以碑林的这块刻石辗转翻刻。《争座位稿》不少笔意是从颜体楷书演化而来的,只是写得更为放逸跌宕,今天站在刻石前还能感到天地之间的豪迈扑面而来。

颜真卿写完《争座位稿》后,鱼朝恩就开始找机会报复。幸好后来连皇帝都觉得鱼朝恩专权跋扈,同意宰相元载用计擒杀了他。即使面临被报复的危险,颜真卿依旧当面弹劾权臣的错误,以致后来的宰相卢杞想把他派到地方,颜真卿当面斥责说:"安史之乱时你先父卢中丞(卢奕)的头颅被送到我这儿,脸上满是血。我不忍心用衣服擦,是亲自用舌头舔净的。今天你还容不下忠烈的人吗?"卢杞表面上惊惶,但内心却非常记恨,于是在建中四年(公元783年)李希烈叛乱时给唐德宗建议派颜真卿去传旨,理由竟然是忠烈的人能威慑叛军。虽然很多人劝阻,但颜真卿依然临危受命。

果然，到达叛军所在的汝州之后，颜真卿就被扣下，李希烈通过各种威逼利诱，希望他投降。结果颜真卿斥责说："你们听说过颜常山没有？那是我的兄长，他起兵抵抗安禄山，被俘遇害前还在骂叛贼。我年近80岁，当朝太师，难道还会投降你们！"后来他被扣押在蔡州的龙兴寺，连遗书和墓志都写好了，一直没有畏惧，直到最终被杀。后来欧阳修在编写《新唐书》时动情地感叹："呜呼，虽千五百岁，其英烈言言，如严霜烈日，可畏而仰哉！"

千百年过去了，颜真卿的高尚品质，依然在时光的长河里熠熠生辉。而他的颜体书法端厚、遒劲，如同荆轲按剑，风骨刚直。直到今天，古城西安的地铁站和很多店铺的匾额都采用颜体，包括碑林所在的书院门的牌匾。

简化字唐代就有 ◆《断千字文》

很多人认为简化字是新中国成立以后才有的，其实早在1935年，当时国民政府教育部就试着公布了《第一批简体字表》，收录了324个民间流传最广的俗字、古字和草书字。当时是这样说明的：

1. 简体字为笔画省简之字，易认易写，别于正体字而言，得以代繁写之正体字。

2. 本表所列之简体字，包括俗字、古字、草书等体。俗字如"体、宝、岩、蚕"等，古字如"气、无、处、广"等，草书如"时、实、为、会"等，皆为已有而通俗习用者。

当时距离1906年清朝正式废除科举才不到30年，繁体楷书的正统地位依然很稳固，所以这一批《简体字表》没能成功推广。其实，隶书是篆书的简化，行书和草书又是隶书的简化，以传递信息为基本目的的文字简化是必然趋势，唐朝颜元孙的《干禄字书》就对这事做过系统整理。颜元孙是颜真卿的伯父，他编写的《干禄字书》以辨识简化字和异体字为主，每个字都分为"俗、通、正"三体，收录了当时已通行的简化字，考辨非常详细。因为

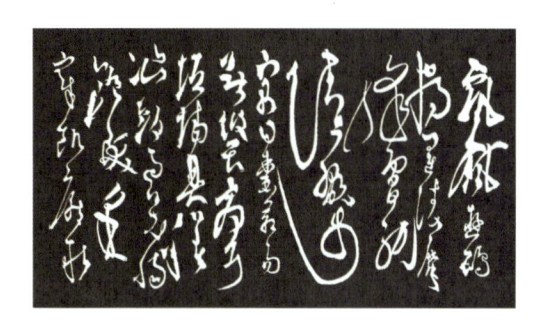

○ 西安碑林《断千字文》拓片

这部书主要为书写章奏、书启、判状而作，所以称"干禄"。唐代宗大历九年（公元774年），他的侄子颜真卿将《干禄字书》手书后摹勒成石碑，不但成为颜真卿小楷的经典，也成为行书和草书简化笔顺的规范。

草书从汉代初期就有，源于书写隶书时的"草率"。汉章帝喜好的"章草"字字独立，但对难写的字简化不多。后来楷书出现，又演变成"今草"，即楷书草写，往往上下连写，末笔与起笔呼应。为了辨认，每个字也有简化的规律，基本是对楷书部首采用简单的符号代用，字的结构也有所变化。唐朝，草书成为一种书法艺术，因此演变出"狂草"，更讲究间架和黑白布置，出现了词联符号，就是把两个字（常见词组）写成一个符号。由于多是从上到下地竖写，词联符号也大多是竖连，例如"顿首""涅槃"等都有草书词联符号。人们都熟知唐代草书大家张旭看到公孙大娘舞剑器而得到草书真谛的故事，却不知道张旭也是先认真学习了隶书和楷书的笔法，他写的《郎官石柱记》全篇就是法度工整的优美楷书。这篇文章的全称本来是《尚书省郎官石柱记序》，当时刻在石头上立在长安城内的尚书省，后来原石纷失，传世的就只有拓本了。今天西安碑林里藏有张旭的《断千字文》和《肚疼帖》，其中《肚疼帖》是随意写的手帖，《千字文》却是标准的文章，历史上不少书法大家都写过。叫《断千字文》是因为现在刻在碑石上的文字不全，只有残存的石块，总共200余字。张旭写的时候是唐乾元二年（公元759年），比他写《郎官石柱记》晚了十九年。宋代元丰二年（公元1080年）吕大防用拓本摹刻成石碑，收藏在西安碑林。《断千字文》和《肚疼帖》都是张旭草书的代表作,细心观摩会发现,虽然张旭的《千字文》更加狂放和张扬,但是对比怀素的《千字文》,大部分简化的基本规律都一样,例如"践土会盟"的"会"字,都是从"會"简化成"会",和今天的简化字没有太大区别。

不少人欣赏书法时都觉得草书难以看懂,是因为草书要在章法之上平衡艺术,慢慢地理解了章法才能看懂艺术的突破。书法绘画、音乐舞蹈都是如此,毕加索的素描非常好,杰克逊小时候和母亲学的是钢琴的基本乐理,循序渐进是很多艺术的真谛。

证明达·芬奇密码◆《大秦景教流行中国碑》

热播剧《长安十二时辰》受欢迎的一个原因,就是对当年的城市与建筑、服装与饰品、礼节与言语等细节的努力还原。有趣的是,剧中还原了并不广为人知的景教僧侣的活动。景教是最早传入中国的基督教聂斯托利派,源于耶稣十二门徒之一的多玛,以波斯帝国为中心使用叙利亚语传教。早期基督教分为两派,主要分歧是耶稣是人还是神。耶稣的门徒多玛是最先质疑耶稣是否复活的人(耶稣复活是神性),他的思想后来被发展出聂斯托利派。罗马皇帝君士坦丁一世在公元325年召开尼西亚会议,确定了耶稣神的属性。相信耶稣是人的聂斯托利派教徒们于是开始向东旅行,传播自己的思想。

《长安十二时辰》电视剧第四集一开头就出现了一位在长安

○ 西安碑林《大秦景教流行中国碑》

○ 卡拉乔的油画《多疑的多玛》

多玛有时也译成"多马"或"多默",他是耶稣十二门徒之一。因为没有亲眼见到耶稣复活,所以当别人告知他时,他却说:"除非我亲眼看见他手上的钉痕,用我的指头探入钉孔,用我的手探入他的肋旁,否则我决不相信。"很多福音书里记载耶稣请门徒查看他的伤口时多玛收回了手指,跪拜复活的耶稣。而卡拉瓦乔的作品中却描绘了多玛将手指已伸入耶稣伤口中的画面。

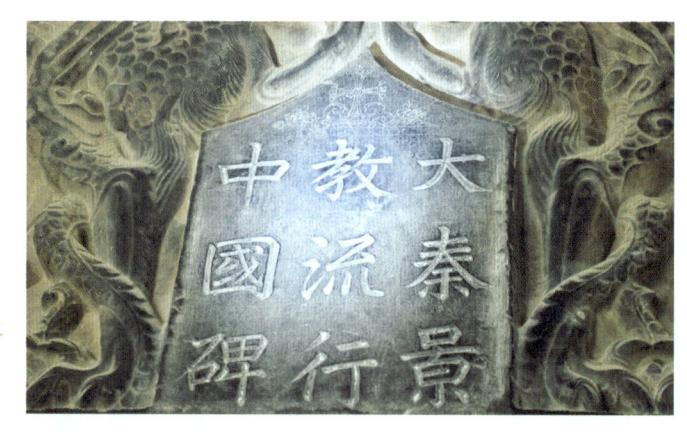

○ 西安碑林《大秦景教流行中国碑》碑额

亚美尼亚的古籍中记载说"使徒多玛曾在中国传教",印度圣多默宗徒的墓碑上刻着"中国和印度的传教主保——圣多玛为我等祈"。这说明多玛或是他的教徒,有可能到过中国。

城内的景教僧侣，法袍背后印着明显的十字架。了解历史的人会看出来，这个十字架采用了西安碑林里《大秦景教流行中国碑》碑首的图案——多玛十字架，特点是十字的每一个臂端有三个骨朵状凸起。石碑上祥云环绕的十字架下方是典型的佛教莲花，显示景教开中土佛教之"花"，结基督之"果"。莲花之下刻着"大秦景教流行中国碑"九字碑额，其中"景"将"口"写在上面，"日"字写在下面，"流"字右上没有点，"碑"字也没有撇，是比较典型的唐代写法。碑林里国宝众多，但是在世界范围内，知名度最高的反而是这通将近3米高的《大秦景教流行中国碑》。"大秦"是古代对罗马帝国及其周边国家的泛指，最早出现于《后汉书》。《旧唐书》解释大秦："其人民皆长大平正，有类中国，故谓之大秦。"唐人所说的"大秦"，一般是指君士坦丁堡的东罗马帝国，也就是拜占庭。而"景教"在大部分历史文献里都写作"经教"，有时也指祆教。《唐会要·大秦寺》里记载："天宝四载九月诏曰：'波斯经教出自大秦，传习而来久行中国。爰初建寺，因以为名，将欲示人，必修其本。其两京波斯寺宜改为大秦寺。天下诸府郡置者，亦准此。"

碑石刻于唐建中二年（公元781年），碑文记述了景教从大唐贞观九年（公元635年）开始在唐朝140多年的传播，还有对大秦国的介绍。两千多字的碑文中，唐太宗、唐高宗、唐玄宗、唐肃宗、唐代宗、唐德宗六位帝王轮番登场，提到了房玄龄、高力士、郭子仪等历史名人，说明当时从西方传来的景教已经进入大唐的政治生活。特别是碑文记载在安史之乱爆发后，景教徒利用传教的机会获取了叛军的不少情报，交给了碑文上记载的郭子仪，"为公爪牙，作军耳目"，为平定安史之乱做出了贡献，朝廷特别感激，所以赏赐撰文立碑。碑石采用上等富平青石雕刻，上面的字体苍劲有力，圆润饱满。

景教碑刻好60多年后，唐武宗在会昌五年灭佛，被殃及的景教也从此一蹶不振。大概也就是这个时候，石碑被埋入地下，直到明代天启年间才偶然出土，并就近移入了西安城金胜寺当中。西方来华的传教士对此极为重视，碑文被翻译成英语、拉丁文、法文等多种文字。明清时这块石碑上建有专门的碑亭，后来在清末的甘陕回民暴乱中被毁，石碑也暴露在露天之中。西方

○ 西安碑林《大秦景教流行中国碑》下方的古叙利亚文拓片

一些学者一直呼吁保护这件景教文物，1891年欧洲某公使馆请求清朝总理衙门设法保护石碑，总理衙门拨出100两银子，但到陕西时被盘剥得只够搭一间小棚子。丹麦人傅里茨·荷尔姆来到西安出重金买下此碑，准备运走。陕西巡抚得知后派陕西学堂教务长王献君去协商，最后荷尔姆同意废除购买合同，但获准复制一通石碑带回伦敦。荷尔姆的复制品十分逼真，几乎可以乱真，运到欧洲后又依照原碑复制了一批流传到世界各地。而留在金胜寺原址的原碑则被陕西巡抚曹鸿勋下令移入西安城内碑林保存到今天。在碑文的左右还能看到一些独特的文字——古老的叙利亚文。今天解读出来的主要是77位大主教的名字。曾经也有观点质疑这块石碑的真伪，认为是明代伪作。不过，质疑的观点忽略了一个问题，明代的时候还没有哪个学者能够进行中文和古叙利亚文的相互翻译，很难写出这块石碑。同时，那个时候主流教会的权力非常大，聂斯托利派的思想和文献流传得非常有限。

在2003年，美国的丹·布朗写了一本小说《达·芬奇密码》，以750万本的销量打破了美国小说的销售纪录，也在基督教社会引起了轩然大波。书中引用了各种实际存在的文物和建筑来说明耶稣其实是一个人，"圣杯"就是他曾经作为凡人娶妻生子的证据。在书中丰富的引用中，作者其实还可以加上《大秦景教流行中国碑》，梵蒂冈就放着一块精美的复制品。碑文的内容显示相信耶稣是人的主教阿罗本在公元635年来到中国，带着和《达·芬奇密码》中原始基督徒一样的信仰，说服了中国的皇帝"于京义零（宁）坊，造大秦寺一所"。宋代宋敏求的《长安志》也侧面佐证了这件事,"义宁坊街东之北,波斯胡寺,贞观十二年太宗为大秦一胡僧阿罗斯立",这里的"阿罗斯"应该就是"阿罗本"。

声闻于天 ◆ 景云钟

到西安碑林的游客常听到一句玩笑:"碑林进门俩国宝(大夏石马和景云钟),一个用来守厕所。"可能是历史建设的缘由,国宝大夏石马确实立在洗手间外,对面是"天下第一名钟"景云钟。叫作"景云钟"是因为在唐景云二年(公元711年),唐睿宗李旦巡游周至梦到霞光满天,认为这是吉兆,于是下令铸钟纪念。铸造好的大钟2米多高,6吨重,采用铜锡合金分5段铸造,挂在皇家道观景龙观里用来报时和为民祈福。景云钟作为国宝有三绝,第一

○ 西安碑林景云钟

○ 西安碑林景云钟上唐睿宗李旦的书法

○ 西安碑林景云钟上的走兽

绝是自上而下的三层纹饰，铸有飞天、翔鹤、走狮、腾龙、朱雀、独角独腿牛等多种图案。第二绝是洪亮悠扬的音色整个长安城的百姓都能听到，也是中央人民广播电台每年除夕的钟声。第三绝是唐睿宗李旦亲自撰文并书写铭文。这位皇帝少有传世的书法作品，292个字的铭文是掺杂着篆书和隶书的楷书，内容是宣扬道法玄妙，阐述景龙观的来历以及钟的制作。悬挂景云钟的景龙观在唐长安城崇仁坊的西南，也就是今天西安市下马陵一带，离碑林不远。

史料记载当时的景龙观钟楼"作三重楼以凭观"，热播剧《长安十二时辰》中虚构的靖安司的位置就在景龙观，很大原因就是剧情设定靖安司是道观改建，而且是有高楼的道观。唐玄宗的宰相苏颋写过一首《景龙观送裴士曹》，头两句很直白："昔日尝闻公主第，今时变作列仙家。"说明是一位公主的宅邸改成了景龙观。那么这个公主是谁呢？就是唐中宗李显和韦后的长女长宁公主。她在神龙年间受封开府，有自己的属官，待遇等同亲王。神龙元年（公元705年）恃宠而骄的她将前宰相高士廉的府邸征过来，再合并左金吾卫的军营，给自己扩建了一所大宅邸。后来韦后作乱被临淄王李隆基带人斩杀，长宁公主的驸马也被贬斥为绛州别驾。被命令一同前往的长宁公主想卖掉府邸，可是估价太高，没有人敢买。最后夫妇俩识趣地奏请将宅子改为景龙观供奉道士。这就是"公主第变作列仙家"的故事。

由于来历特殊，景龙观由皇家直接管理，皇帝亲自敕封住持，达官贵人也常来游玩。《资治通鉴》记载韦坚见过太子李玙来这里赏景，碰到皇甫惟明。权相李林甫以此为借口，上告韦坚与边将私会，欲谋废立。两人因此入狱。而这件事也是《长安十二时辰》的故事背景之一。

明代洪武年间在西安城内建造了钟楼，并悬挂景云钟作为报时用。明神宗万历年间钟楼迁移到今天的位置，景云钟也随之迁移。抗战爆发后，景云钟被运到乡下避难，新中国成立后才迎回古城移入碑林。传奇的是，当年钟楼搬迁后，重新安置的景云钟就敲不响了。有人认为是"历世久远，神武有灵"；也有人说置于室内的钟是"待瓮以呼"，应该移到楼外。但都没有解决问题，最后是按景云钟的样子重铸了一口铁钟挂在钟楼报时。

今天景云钟作为国宝保存在西安碑林，禁止出境展览，而西安市民每天都能在城内的钟表大楼下听到用景云钟录制的整点报时。

东方维纳斯 ◆唐断臂菩萨像

随着社会经济的发展，佛教文化在唐代达到了前所未有的辉煌。这一时期的佛像在艺术形式上展现出文化交流的美感，表情体态、服饰造型都透露出开放的社会氛围。印度风格的佛像也逐渐和中原的审美融合，衍生出各种艺术造型，观音造像就是最具代表性的实例。在印度，观音是男子形象，佛经中都称为"善男子"。唐高宗武则天时期，妇女崇佛的风气非常普遍，观音

○ 西安碑林唐断臂菩萨像

○ 西安碑林唐断臂菩萨像局部

也开始"女性化"。壁画在刻画观音显化救人时，既有男性形象，也有女性形象。到了盛唐以后，女性形象的观音已经常见于绘画、雕刻等多种艺术形式中。西安碑林的"长安佛韵"展厅里展出一尊由整块汉白玉雕凿而成的观音像，就是这一时期佛教造像女性化的代表。虽然出土时头部及双臂双脚已经残缺，但残余的部分仍能充分展现盛唐工匠所塑造的佛像的艺术魅力。菩萨像左肩斜披轻纱，身着露脐长裙，衣料若烟笼水洗，纹线流畅自然。身体的造型曲线匀称健美，肌肤丰满而富有弹性，身体重心向左微倾，腰肢扭动呈S形，呈现出强烈的动感。特别是，感觉透过纱裙可以看出两个膝盖大小有差别，这是在表现由于站立时着力点不同而出现的情况。

这尊菩萨像出土于唐大明宫遗址附近，雕刻精细，石质上乘，连身上的装饰品都表现得惟妙惟肖，应该是唐代皇宫内供奉的佛像。考古学家推断可能是在唐武宗时期"会昌法难"中受损，并被埋入地下。除了这尊断臂菩萨像，西安碑林石刻艺术馆的"长安佛韵"展厅共展出100多件北魏至宋代的石刻造像，体现了长安佛教造像的典型样式和艺术风格。

四

帝国斜阳
——动荡中的文化精品

○ 西安碑林石刻艺术室的唐代石灯

西安碑林的唐代石灯当年立于唐乾陵所在的乾县西湖村石牛寺，由灯室、石柱和台座三个主要部分构成。石灯在汉代就已开始流行，隋唐时在寺院广泛使用。这种石雕艺术后来传到日本，最初也是在寺院使用，后来寺院的石雕流入民间，逐渐被用作庭院景观，成为日式园林的一种特色。

标准教材 ◆《开成石经》

唐开成二年（公元837年），长安城务本坊内的国子监内人头攒动，大家都在围观一部刻在114块青石上的巨大石经。2米多高的青石绵延百米，雕刻了65万余字的典籍，分别是《周易》《尚书》《诗经》《周礼》《仪礼》《礼记》《春秋左氏传》《春秋公羊传》《穀梁传》《论语》《孝经》《尔雅》。石碑末尾的碑文显示，整个刊刻过程程序繁多，包括采石、书丹、校勘、覆定、刻碑等多道工序，单是参与人的题名就有十行，"开成二年丁巳岁月次于玄日维丁亥"15个字被镌刻在最后。

唐代，虽然雕版印刷已经成熟，但书籍依然昂贵，寒门士子多是手抄书。多次抄写很容易造成混乱和笔误，也会影响科举的公平和严肃。为此在大和四年（公元830年），国子监郑覃上疏请求将儒家经典刻立石碑。这时年轻的唐文宗正在着手振兴衰败的大唐，于是很快就同意刊刻石经。这里面有规范制度与法礼的意思。当时朝廷上的党争有一个很重要的话题，就是科举舞弊，刊刻石经也属于严肃科举制度的一项举措。唐文宗即位后看到了之前穆宗、敬宗时期的种种弊端，恢复了原来单日上朝理事的制度，勤勉节俭，颁布过不少较好的法令。只是当时藩镇割据、宦官专权，单靠勤政是不行的，还需要有过人的政治斗争手段。李世民能够和臣子们侃侃而谈，在于他敢领兵杀人。可惜李世民只留下了给天下人看的《贞观政要》，忘了给子孙们单独写一部"对内管理政要"，传授些政治斗争的经验。这让后来的皇子们面对藩镇、官僚、宦官三大势力集团的时候，很难完全弄清楚之间复杂的利益博弈。唐德宗在"泾原兵变"中看到只有宦官陪着他，就把神策军完全交给了宦官。唐文宗试着想改变局面，结果功败垂成，发生了"甘露之变"，宦官反过来挟持皇帝，残杀百官。《开成石经》落成时，唐文宗只能在软禁中饮酒赋诗。

不过《开成石经》的落成还是有效地弘扬了儒家礼法，侧面维护了皇权和朝廷的威严，推动了三年后继任的唐武宗提高宰相权力、增强中书省的职能。会昌二年（公元842年），唐武宗挫败了"甘露之变"中宦官首领仇士良声讨宰相的阴谋，恢复了对回鹘和契丹的管辖。仇士良也被迫辞职回家，死后削爵抄家。同样在这一年，动议刊刻《开成石经》的郑覃辞官回乡。离开长安时，他最后一次去看了宏大的《开成石经》。他没有注意到，身旁一个来自东瀛的僧人也在观瞻这部巨著。这个僧人叫圆仁，唐文宗入葬章陵（今天陕西省富平县天乳山）的时候，他正在长安城外等着入城的许可，所以看到

○ 西安碑林《开成石经》

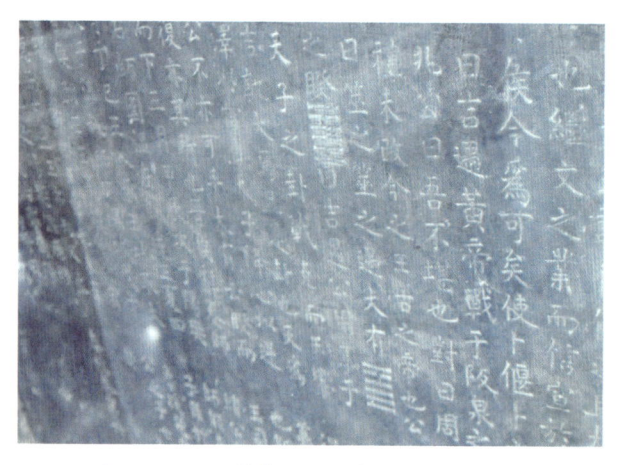

○ 《开成石经》里"黄帝战于阪泉之兆"的内容

盛大的送葬队伍,"营幕军兵陈列五里"。后来圆仁一行由春明门入城,向长安城的寺院主管部门——左街功德使巡院报备后,被安置在崇仁坊内的资圣寺居住。崇仁坊与《开成石经》所在的务本坊离得非常近,圆仁能经常去看《开成石经》。他回到日本写了《入唐求法巡礼记》等,详细记录了当时长安的情况,特别是普通百姓的衣食住行。

唐武宗时期宦官、藩镇和边患得到了部分控制,可惜他执政6年就去世了。虽然之后的唐宣宗干得也不错,但是接班的唐懿宗在位15年宠信宦官,把唐朝复兴的希望彻底毁了。公元904年,权臣朱温拆毁长安城,挟持唐昭宗东迁洛阳,巨大的《开成石经》留在原地。留守长安的节度使韩建将原来的皇城改成新城,《开成石经》和残破的国子监就被留在城外。之后,韩建的继任者刘鄩在谋士尹玉羽的劝说下将《开成石经》等碑石搬到了原来唐代尚书省的西隅(今天西安市鼓楼北边)。从此百年间,历经五代十国和"靖康之变",《开成石经》等碑石几经坎坷,终于在岳飞出生的那一年(公元1103年)搬到了现在西安碑林的位置。此后的900多年间，各个名碑陆续入藏碑林，而今碑林已收藏碑石、墓志、造像等近5000件。而花费七年时间刻成的《开成石经》成为之后各个朝代国家规定的校对经书的标准。因此，碑林也可以说是中国最早的高考教材的保存地。

从东市到鬼市 ◆《回元观钟楼铭》

中国人练习楷书，一般都买"颜柳欧赵"四种楷书字帖。其中的"柳"，就指柳公权，他的字帖之前一直以西安碑林的《玄秘塔碑》最多见，直到1986年在西安市和平门外出土了一通《回元观钟楼铭》碑。这块碑是柳公权58岁时写的，也是现存柳碑中最完整的。全碑写得一丝不苟，用笔以方为主，重骨力轻圆笔。往往在错位中求变化，比如左右结构的字"蹲""钟""楼"等将左边偏旁往上挪，形成左短右长的结字法。碑文前半部分记叙了唐代回元观的历史沿革，写明这里原是唐玄宗赏赐给安禄山的宅第，同时记叙了"安史之乱"的情况。碑文的后半部分，讲述了唐文宗给回元观赏赐铜钟的经

○ 西安碑林《回元观钟楼铭》拓片

《回元观钟楼铭》1986年在西安市太乙路被发现，碑文由唐代著名书法家柳公权书写，此前在金石著作中从未著录，也没有拓本流传。由于长期埋于地下，所以文字字口清晰，是柳体楷书中的珍品。

过，赞扬钟声的美妙。与石碑一起出土了一截无字棱形经幢，以及八角形经幢顶盖，都属唐代遗物。让考古工作者疑惑的是，碑的出土地点在长安城东市附近，而史书记载回元观在亲仁坊，距离出土地一公里。而且石碑是为道观立的，经幢却是佛寺物品。据《两京城坊考》记载，在唐代，石碑出土地点曾建有资圣寺。回元观的石碑为什么会搬到资圣寺呢？其实如果认真地看历史，这些疑惑也就能解开一些。

这块碑的刻立时间是唐开成元年（公元836年）四月二十日，这一天在历史上也许是个普通的日子。不过，半年前的唐太和九年（公元835年）十一月二十一日，发生了著名的"甘露之变"。宦官首领仇士良指挥神策军杀了一千多个大臣，到立碑的这一天监狱里还有没杀完的。这时候唐文宗的行动也根本不自由。"甘露之变"中宦官们也是差一点儿就被唐文宗支持的大臣们消灭了，所以他们把唐文宗看管得非常严。唐文宗自己也不会有心情游玩，史书记载他对当值的学士周墀慨叹，自己受制于家奴，境遇还不如周赧王和汉献帝。由此可以说，唐文宗去回元观是宦官们安排好的，赏赐铜钟和立碑也是宦官们要求的。这样的事情，仇士良干过很多次。后来的唐武宗巡察他掌控的左神策军时，他就安排皇帝立碑纪念，那块碑叫《皇帝巡幸左神策军纪圣德碑并序》，人们一般简称《神策军碑》，还是柳公权写的。因为原碑立于皇宫内的神策军营，不许随意捶拓，所以拓本极少。而且原碑也没有留下来，主要是唐武宗比唐文宗有本事，最终把仇士良送回老家，死了还要削去爵位没收家产。仇士良一伙人在"甘露之变"中杀了太多人，这些人还都有学生故旧。在失势的情况下，仇士良主持立的碑一般都没有好下场。立在回元观的这块碑自然也不例外，不过当时是准备拉到寺庙打磨以后重新利用的。有人会问，这么大一块石碑，当场砸了也许算是泄愤，运到二里地之外的寺庙难道没人看到吗？这就引出了下一个话题，这两个地方的附近刚好有一个倒卖东西的黑市——长安鬼市。

在回元观所在的亲仁坊北边隔着一个坊，就是当年国子监所在的务本坊。坊内除了国子监还有开国重臣房玄龄的宅邸，按规制占了一个坊的三分之一，方位就在坊的东南角（离回元观很近）。房玄龄死后府邸和爵位由其长子房遗直继承，后来他弟弟（房遗爱）娶了高阳公主闹出不少事，他也受到牵连，宅邸被收回。关于房遗爱、高阳公主还有玄奘高徒辩机的故事，流传的版本

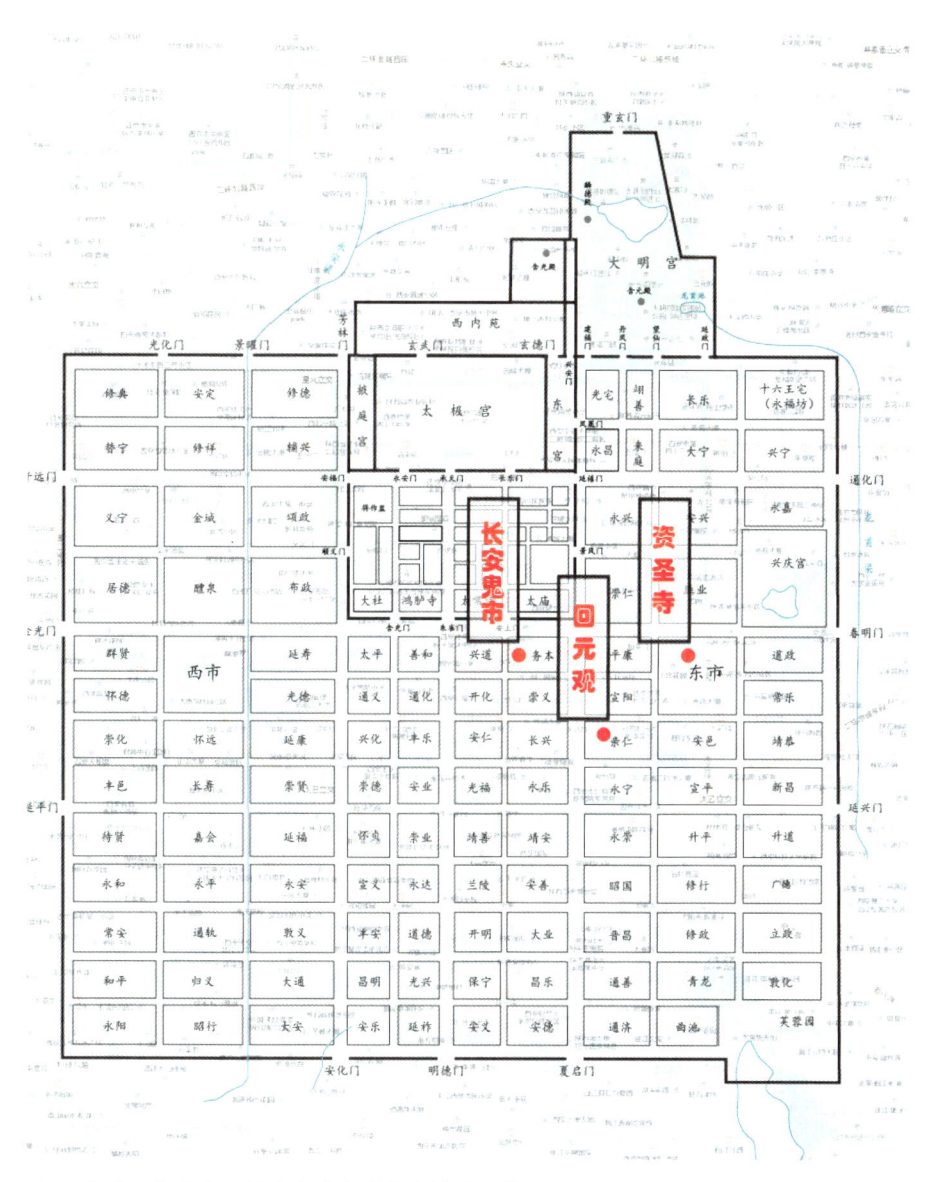

○ 回元观、资圣寺、长安鬼市在唐长安城的位置

非常多,《旧唐书》《新唐书》《资治通鉴》记载的也不一样。不过大宅邸被收走史书记录得很清楚。规模庞大的宅邸被没收后,虽然有部分建筑改成了道观,但是大面积的花园一直荒置,由此产生了夜间交易的"鬼市"。长安城晚上宵禁,东市和西市都关闭,可是白天做工、经商的人,总会碰到有生活必需品要买。于是,胆大的人就等到半夜摸黑出来做买卖。务本坊的东南角离东市很近,而且荒废着,渐渐地就聚集了夜间贸易。其实最初来这儿卖东西的,白天就是东市的商贩,货物大多是生活必需品,例如烧火用的"干柴"等。晚上做生意一般不点灯,远远看去只有人影,人们就说是鬼在做买卖。《辇下风时记》记载:"长安务本坊有鬼市,或风雨曛晦,皆闻其喧聚之声。秋冬夜多闻卖干柴,云是枯柴精也。"虽然写的是鬼在做买卖,但可以看出,鬼市上大部分是卖柴火的。因为官方不允许摆夜市,所以就酝酿出了这些光怪陆离的传说,目的无非是为掩盖夜里交易的事实。务本坊到东市的这一区域去皇城上班近,买东西也方便,聚集了不少高官。唐代后期的党争和宦官专政也使得经常有高官家破人亡,宅邸的庭院荒废,给"鬼市"的交易提供了不少场所。每个"风雨曛晦"之夜,热情高涨的地摊商贩就会拿来各种物品交易,甚至还有太监从皇宫里偷出来的东西,对外趁机说是"鬼"在活动。而当天色将明,由于城内的坊市即将解禁,地摊上的人也纷纷回家,就有了"半夜而合,鸡鸣而散"的说法。长安鬼市越做越大,还因为后来务本坊南修建了西州、齐川的进奏院。所谓进奏院,就是各藩镇在长安城内的办事机构,来自藩镇的人不太受中央节制,经常顺手在鬼市买卖东西。这也让鬼市的交易规模和范围不断扩大。《回元观钟楼铭》碑在史书上没有任何记载,说明不是很快损毁,就是被运走。今天能在东市的寺庙遗址里发现,说明当时并没有破坏,只是准备打磨再利用。而之后的武宗灭佛拆毁佛寺可能就是这块石碑没有重刻,被废弃埋入地下的原因。虽然宋朝废止了"禁夜令",但"鬼市"的传说一直存在(毕竟没有场地费)。千年以后的今天,那些在坊间自发而成的夜市仍然彰显着古城的独特魅力。

第五章

尽数风流
—— 宋时瘦金述明清

JINSHU FENGLIU
—— SONGSHI SHOUJIN SHU MINGQING

石语长安

儒雅大宋
——崇文的时代

○ 西安碑林第二展室外墙小小的廊檐下,不少石碑记录了宋、金、元时期有关这里的修缮

致敬唐太宗 ◆《新译三藏圣教序》

佛教典籍在中国的汉译过程,从唐宪宗元和六年(公元811年)译成《大乘本生心地观经》之后一度中断了,直到宋太宗太平兴国七年(公元982年)才又一次复兴,当时主持翻译工作的主要是天息灾、法天、施护三人。天息灾生在北印度的迦湿弥罗国(今天的克什米尔),是中印度惹烂驮罗国密林

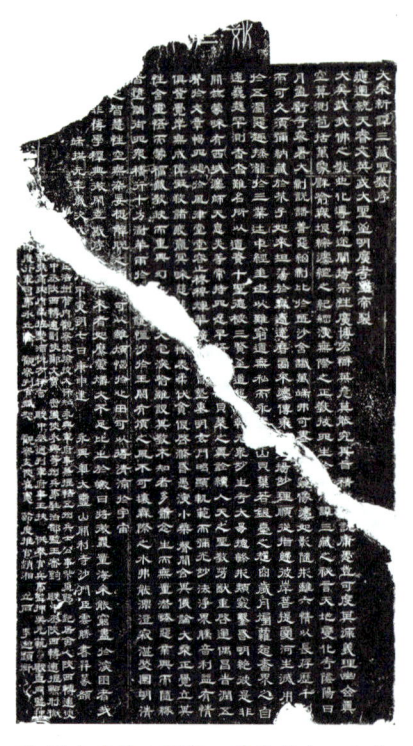

○ 西安碑林《新译三藏圣教序》拓片

此碑刻于北宋端拱元年（公元988年），由永兴军太壹山开利寺沙门臣云胜书并篆额，陕西转运使郑文宝等立石，书法丰腴挺秀，堪称北宋早期隶书之经典，碑尾用隶书加刻有立石人阶衔姓名。碑身在明朝嘉靖三十四年（公元1555年）关中大地震时仆倒断裂。

寺的僧人，施护则是北印度乌填曩国帝释宫的寺僧。他们两个人本来是同母兄弟，在太平兴国五年（公元980年）一同携带梵本经书来到中原。宋太宗安排他们和法天一起审查宫廷收藏的各种梵本。因为这三个人兼通华语，能够翻译，宋太宗就动了重新译经的念头，安排内侍郑守钧在太平兴国寺的西边建筑译经院，天息灾等人入住，开始翻译佛经。佛经翻译好以后，宋太宗仿效当年唐太宗写《圣教序》，自己也写了序并且刻了碑，今天还保存在西安碑林里。石碑由开利寺的沙门臣云胜书写并篆额，书法丰腴挺秀，堪称北宋早期隶书之经典。碑尾用隶书加刻有立石人阶衔姓名，可以看出是当时陕西转运使郑文宝负责的。这个郑文宝给西安碑林所做的贡献可远不止这块石碑，碑林里有名的《峄山刻石》也是他在淳化四年（公元993年）用摹本刻在长安的。《新译三藏圣教序》刊刻完成后四年（淳化三年），宋太宗拿出内府所藏历代墨迹，命令翰林侍书王著编次后，摹勒成石碑立在禁内，起名《淳化阁帖》，成为我国最早的一部汇集各家书法墨迹的法帖，被誉为"法帖之祖"。在人们的印象中，赵光义是马上皇帝。然而这部让后人推崇备至的《淳化阁帖》正是因赵光义倡导而成的，同时他还是个草书高手。

仁心皇帝 ◆ 《劝慎刑文并序》

古装电视剧《清平乐》是一部服装造型和人物对白都比较考究的宋代剧，剧中讲述了宋仁宗40多年治理国家的各种故事。虽然历代文人对他的溢美之词无数，但他本人在历史中的存在感却不高。以前大部分老百姓主要还是因剧本里的"狸猫换太子"才知道他。不过，客观地说，他在位时期确实是中国古代文人最舒服的40年。宽松的环境催生了欧阳修、范仲淹、司马光、王安石、苏轼、苏辙、程颢、程颐、张载等一大批知名学者。同时宋仁宗对于一般老百姓的管理也很宽松，晚上没有宵禁，取消了"坊"居住，"市"做买卖的限制，大家想做个小买卖都比较容易，刑罚也比以前的朝代宽松，《宋史》对宋仁宗42年治绩的总体评价之一就是"刑法似纵弛，而决狱多平允之士"。西安碑林里礼部尚书晁迥写的《劝慎刑文并序》石碑也证明了当时"明德慎

○ 西安碑林《劝慎刑文并序》拓片

刑"的法制思想。碑文里引用了不少历史上司刑典狱官员滥用刑律遭报应的典故，以因果报应、因果循环事例来劝人明德慎刑。晁迥是宋代的长寿官员，历经真宗和仁宗两朝，活了80多岁，和他心态宽和也有很大关系。

宋徽宗的考试改革◆《大观圣作之碑》

虽然宋徽宗字写得好，但历史上都不认为他是一个勤政的皇帝。其实，他也做过一些政治上的努力，比如改革科举。科举考试自产生后就一直受到质疑，主要原因就是纸上答卷考不出人品，历朝的教育改革都在为解决这一问题而努力。于是宋徽宗将人的品行分为孝、悌、睦、姻、任、恤、忠、和八种，然后将每种品德又分为四个级别，以此衡量士子的品行。士子们每人依照"三舍法"（王安石改革太学时开始实行的一种依成绩分等定升降的管理办法）积分，分数高的不但可以免试入太学，还可直接补官。这种方法被宋徽宗称为"八行取士"，并且在北宋大观元年（公元1107年）三月，下诏建立"八行取士科"。为了宣传这一制度，这一年九月二十八日，资政殿学士郑居中就建议"以御笔八行诏旨摹刻于石"，被获准在大观二年（公元1108年）由礼部尚书郑久中以所赐御笔刻石，由当时的书学博士李时雍模仿宋徽宗的瘦金体书丹。这块圣旨碑当时要求"立于宫学，次及太学辟雍天下郡邑"，今天存世的有六通，西安碑林的就是其中之一。碑文记述了"八行取士科"背景下的教育制度，包括学制、学规及培养选拔准则等，字体比宋徽宗的其他手迹瘦直挺拔，横笔收笔带钩，竖笔收尾带点，个别连笔则如游丝飞空，突出了"瘦金体"的特点，是"瘦金书"代表作品之一。

由于崇宁三年（公元1104年）宋徽宗已经下令废除科举，因而学校取士成为进入仕途的唯一途径，《八行八刑条》的颁布和宋徽宗御书《大观圣作之碑》的竖立，表明"八行取士"在全国范围推广。只是"八行取士科"这种选士办法的初衷虽然好，实际操作起来却很困难。因为真正的品行很难量

○ 西安碑林《大观圣作之碑》拓片

《大观圣作之碑》刻立于北宋大观二年（公元1108年），由宋徽宗赵佶撰文并书，李时雍摹写上石。碑额的行书"大观圣作之碑"六个字由蔡京所书。碑文记述了当时的教育制度，包括学制、学规及培养选拔人才的准则等。西安碑林的《大观圣作之碑》原立在陕西省乾县，当时除陕西外，河南、山东、江苏等省都有刻立。这通碑刻上的字体瘦直挺拔，个别连笔则如游丝飞空，突出了"瘦金体"的特点。

化。一旦有量化的标准，立刻就有人作弊。石碑立起不到两年，中丞吴执就在大观四年（公元1110年）上书说，为了求得"孝"的名声，有人割肉给父母吃，有的人在头上点灯来求佛佑。为了求得"悌"的名声，有人将兄长推下水后再救起来，有人不顾妻儿与弟弟长期住在一起，有人给饥民施点稀饭就称体恤百姓，等等。因为吴执的这份札子，宋朝又不断完善配套的复试制度。到实行的第11年，"八行取士科"已经变为升太学资格之一，而且要与州学升贡的学生同等参加入学考试。实际上制度已经废止，倒是留下的石碑体现了当时的雕刻工艺和书法艺术。单纯以品行选拔人才，不重学识和才能，会使国家缺少有能力的官员，而且影响学习风气，宋徽宗的改革还是太轻率了。

赵德芳的后裔 ◆《赵子昂游天冠山诗》

中国楷书公认的四大家"欧、颜、柳、赵"，其中欧阳询、颜真卿、柳公权都在唐代，只有赵孟頫在宋元。一方面说明唐代楷书的发展，一方面也说明赵孟頫书法在当时的地位。赵孟頫是宋太祖赵匡胤的十一世孙、秦王赵德

○ 西安碑林《赵子昂游天冠山诗》拓片

芳这一支的，他在南宋末年还曾经担任真州的司户参军。在南宋灭亡后隐居一段时间才出仕做官，经历了元世祖至武宗、仁宗、英宗四朝，晚年逐渐隐退，专注书法绘画。西安碑林收藏的清代摹刻的《赵子昂游天冠山诗》，就是他晚年的代表作品。那个时期宋代遗民大多觉得复国无望，只能在文化上追求复国梦。以赵孟頫为代表的南宋遗民在文化上兴起了复古主义。《赵子昂游天冠山诗》充分体现了复古书法的特点，有古人的笔法、字法、章法，结字平和，用笔精到。后世有人对赵体字有非议，主要因为赵孟頫是宋朝宗室，却做了元朝的官，相比同为皇室后裔的朱耷（八大山人）缺少气节。不喜欢他的为人，再看他的字就觉得甜俗，太过完美反而缺少想象的空间。

首选之一的拓印 ◆《黄庭坚书七律诗》《米芾四条屏》

西安碑林有一套黄庭坚的书法碑刻《黄庭坚书七律诗》，是分别刻在五块石头上的两首七律诗，在清朝中期刻成，描写的是汉长安城的盛美景致。因为这几块碑允许制作拓片，所以游客经常能看到有技师在捶拓。刻石上的书法劲瘦圆通，奇崛放纵而又神闲意浓，饱满的墨色和紧凑的结字体现出典型的黄氏书法特征。黄庭坚最初以周越为师，吸收了颜真卿、怀素等人的特点，形成了自己的风格，几乎每个字都有一些夸张的长画尽力送出，形成中宫紧收、四缘发散的结字。因此他和北宋书法家苏轼、米芾和蔡襄齐名，世称"宋四家"。不过据最新考证，这幅黄庭坚书法是明代学者文徵明模仿黄庭坚写的，他在中年以后曾疯狂迷恋黄庭坚，以模仿黄庭坚的字体为乐。文徵明的《甫田集》中有这两首诗中的第二首诗，是西苑诗十首之一。同样在碑林里经常被拓的碑石还有《米芾四条屏》，碑文内容是清代摹刻宋代米芾书写的行书五律诗《省试腊后望春宫》。

○ 西安碑林里出售的《米芾四条屏》拓片

○ 西安碑林《黄庭坚书七律诗》拓片局部

米芾的四条屏写的是唐代林宽的《省试腊后望春宫》一诗，全诗共 12 句，分别是："皇都初度腊，凤辇出深宫。高凭楼台上，遥瞻灞浐中。仗凝霜彩白，袍映日华红。柳眼方开冻，莺声渐转风。御沟穿断霭，骊岫照斜空。时见宸游兴，因观稼穑功。"

二

当年明月
——西北重镇的治理

○ 明朝第一代秦王朱樉墓前的石兽

秦王好莲 ◆《瑞莲诗图》

朱元璋建立明朝后，册封嫡长子朱标为太子，他和马皇后生的次子朱樉为秦王。洪武十一年（公元1378年），秦王前往陕西就藩，开启了秦王家族在西安260多年的历史。朱元璋比较关心子孙，不但给每个孩子封王，还规定嫡系的子孙也是王，甚至连名字也提前起好，秦王一系是"尚志公诚秉，惟怀敬谊存，辅嗣资廉直，匡时永信敦"，结果头两句刚完明朝就结束了。其中一个原因就是朱元璋的子孙太多，国家负担太大。例如秦王一系，传到"诚"字辈时，称为"王"的就达十人以上。而作为大明朝的天下第一亲藩，秦王这一支开始一直不顺。先是朱樉被王府的人毒死，再是他儿子朱尚炳被永乐帝朱棣欺负，第三代秦王朱志堩21岁就薨逝了。因为朱志堩没有后代，只好册封他的庶长兄朱志均接任第四任秦王，这是明朝藩王的第一次"兄终弟及"。结果朱志均接班两年也薨逝了，也没有后嗣，只能再次"兄终弟及"，册封隐王朱尚炳庶出的第三子朱志𡒊（土挈）为秦王。朱志𡒊（土挈）这次总算留了一个嫡子朱公锡，秦王一系才又能贯彻朱元璋"嫡长子继位"的要求。朱公锡的长子朱诚泳也很争气，继承王位之后非常勤政，是史书上最受好评的秦王。不但西安城内有名的正学书院就是他捐赠土地和资金修建的，还另建了小学（给儿童、少年实施启蒙的学校），而且王府护卫子弟中"秀慧"的孩子也能入学。同时作为秦王，他对秦王一系的子弟们也严格教育。当时他的堂弟永寿王朱诚淋生活奢靡，在大西街

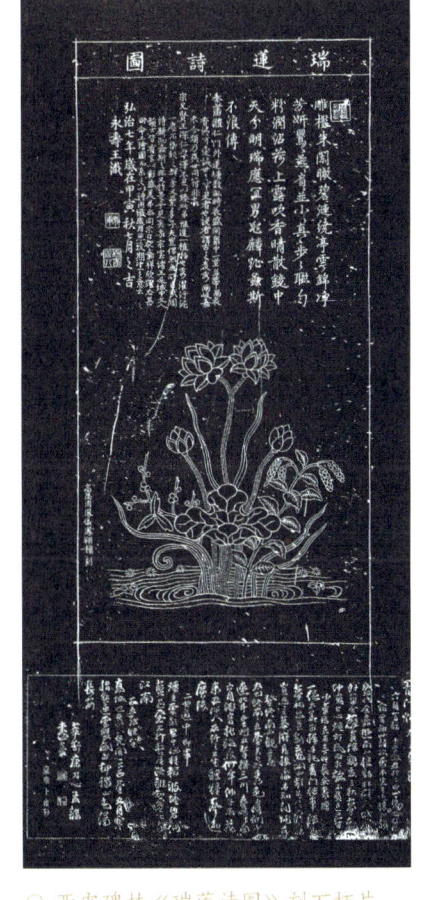

○ 西安碑林《瑞莲诗图》刻石拓片

的永寿王府建起了一座高楼。于是朱诚泳就写了一首诗劝诫："百尺危楼喜落成，九重赐额一时荣。圣经浩浩乾坤大，祖训谆谆日月明。莫向绮罗丛里醉，直须韦布境中行。传来天语南山重，好学间平享令名。"意思是不要成天泡在女人堆里，要多和老百姓交朋友，这样才能在宗藩族群里立足。看到这首诗，朱诚淋在西安孔庙刻了一幅《瑞莲诗图》，来表达自己虚心接受哥哥的教育。这幅《瑞莲诗图》配有七言律诗一首，还有跋文。诗文是对瑞莲品格的赞誉，跋文讲述了刻绘瑞莲图的缘由。因为当时各级官员都会去孔庙祭孔，朱诚淋把《瑞莲诗图》刻在《赠学田颂》碑的背面，让来祭孔的官员看到他对哥哥劝诫的回应。

秦王府是由元代陕西台署扩建的，整个工程干了七年才竣工，大小房屋800多间，门楼40座，还包括好几座莲花池，今天的西安市莲湖公园是西莲池，在秦王府的东门——体仁门外还有东莲池。因为东莲池近，所以秦王府的诗会经常就在东莲池举办，大家都用荷花来夸赞朱诚泳的贤德。《瑞莲诗图》跋文里也提到了朱诚泳集合宗族及文人雅士共同赏莲的事。

明代的水源保护法规◆《新开通济渠记》

今天走进西安城墙的西门，南边马道巷的东侧立着一块指示牌，写着"龙渠湾"三个字。很多西安市民都不知道它指的是一条路还是一个景区。其实这是明代成化初年通济渠（民间俗称龙渠）饮水工程的一部分。明代西安府城供水渠主要有两条，一条是从城东流入的龙首渠，另一条是由城西流入的通济渠。这个通济渠不同于那个连接大运河的漕运灌溉渠，是明宪宗成化元年（公元1465年）开凿的引水渠。是当时的陕西巡抚项忠与西安知府余子俊为解决西安府城内的供水与城壕的水源而开凿，从西门（安定门）入城，先流到白鹭湾，再折向东北，到梁家牌楼后流入砖砌的暗渠。修建的原因是城市经过唐宋元三代的使用，大量的粪便埋入地下，地下水已经严重卤化。

当时通济渠由西门南侧的进水涵洞入城后，沿着低洼地三折两转，蜿蜒如龙，所以被称为龙渠湾，直到清初还有数亩水面。后来水门堵塞，通济渠停用，龙渠湾也变成了居民区。成化年间的这项水利工程名称为"新开通济渠"，但实际上是连通疏浚了通济渠和龙首渠两大城市供水体系，并且修建了地下供水系统。当时城内的地下砖渠主要有三条：一条从长安县治（今天市内四府街西安晚报社附近）向东，流过广济街，再向东过大差市、真武庵（今天城墙东门内），出城流入护城河；一条从广济街向北，折而向西，流过永丰仓（今天市内西仓），流入贡院庭院（今天市内贡院门）；一条从广济街一直向北，通过麻家十字，汇入莲花池（今天市内莲湖公园）。这种纵横交错的流向覆盖了城内大部分居民区，而且砖石券砌的暗渠上每隔二十丈就会留一个井口，方便居民打水。当时的这种水井统一用青砖砌筑井栏，上面配备木制井盖。每口井有专人管理，定期下井巡视，以防阻塞或污染。为了充分利用水资源，还设有水闸和水磨，配套修建了窨厂（用水企业），收益用来维护渠道。为了保持渠水清洁，西安府明令不得在通济渠和皂

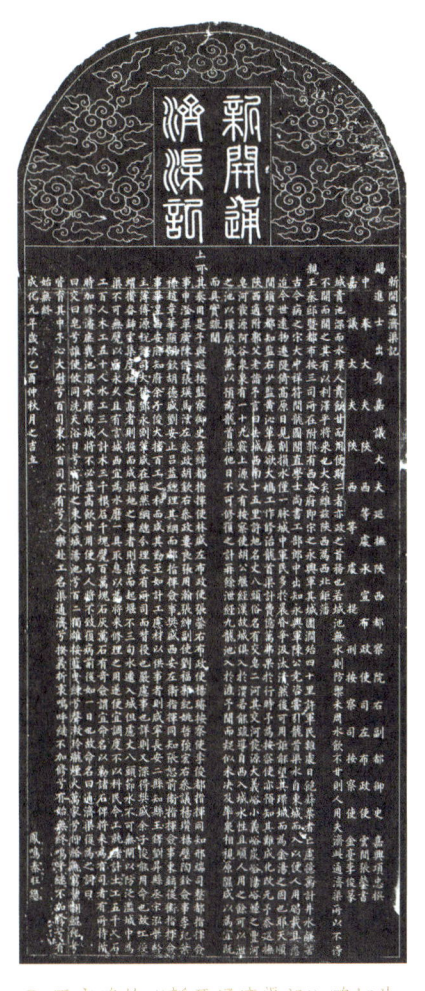

○ 西安碑林《新开通济渠记》碑拓片

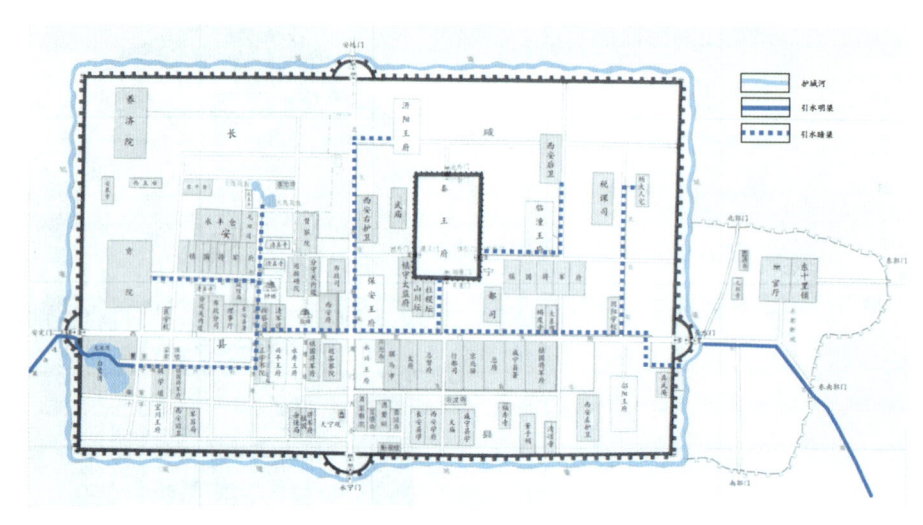

○ 明代成化年间的西安府城水系

河两岸沤打蓝靛（染布的颜料），城内暗渠区域不准开饮食店和堆粮食，防止污染渠水或招引老鼠。西安碑林保存的《新开通济渠记》碑就详尽地记载了当时开渠的情形和管理规定。规定涉及渠道维护、水量分配与控制、水质保护、维修费用筹集等多个方面，几乎涵盖了现代城市自来水管理的各种要素。清代通济渠堙塞后，西安城内饮水就只能靠各个土井。再次达到明代成化年间的供水标准，已经是新中国成立后了。

明朝皇帝任内都只用一个年号，除了明英宗朱祁镇有两个，分别是"正统"和"天顺"。两个年号之间，他在瓦剌当俘虏，当时在北京当皇帝的是他异母弟弟朱祁钰，年号是"景泰"。本来朱祁钰重用于谦等人，取得了北京保卫战的胜利，还对当时的政治、经济、军事等方面都进行了整顿和改革。就在一切向着好的方向发展时，俘虏朱祁镇被忠于他的大臣想尽办法赎回了大明，之后还在一帮小人的拥护下再次登上皇位，并且依旧是一位昏君。他不但冤杀了于谦等忠臣，还重用门达、逯杲等奸臣，最终导致民间爆发数十万的流民起义，导致景泰时期恢复的国力再度受创。幸好他的儿子明宪宗朱见深继位后给于谦平了反，任用了商辂等贤臣，才使得成化初期的社会风气和经济都复苏了一些。西安府的供水系统就是当时社会发展的体现,对于国家和百姓来说,成化的通济渠比成化的鸡缸杯更精彩。

大礼议之后 ◆《敬一箴》

朱诚泳在弘治十一年(公元1498年)去世,享年41岁,朝廷赐谥"简",即秦简王。他在位时间不算长,但口碑极好,《孝宗实录》用很大篇幅来介绍他"天性孝友,好礼谦恭"。可惜他什么都好,就是没有儿子。这一次秦王府不但再次出现大宗绝嗣,而且连兄终弟及都做不到,只好找来朱诚泳的从子(堂侄)朱秉欆继任秦王了。历史写到这儿,很多人都会怀疑秦王这一支是否有什么遗传病,因为这次继任的朱秉欆连一年都没挺过去(弘治十三年十月到弘治十四年七月)就薨逝,这次留下一个小儿子——不到三岁的朱惟焯。明孝宗朱祐樘和内阁很担心这个小家伙能否坚持到长大,时刻准备从旁支里选秦王的继承人。结果没等到朱惟焯生出儿子,内阁的大学士们又要面临一个更严重的继承人问题——正德十六年(公元1521年)三月,明武宗朱厚照,驾崩了。这位长期住在豹房的皇帝却没有留下任何子嗣。在这危难的时刻,内阁首辅杨廷和以朱元璋祖训为据,坚持迎立了武宗的堂弟、兴献王的长子朱厚熜(后来的嘉靖皇帝)。只是让杨廷和没有想到的是,他从边远地方弄来的这个皇帝首先要讨论的事情就是给自己已经去世的父亲争名分,这里面牵扯一个封建社会很重视的大宗和小宗的问题,于是引出了有名的嘉靖初期"大礼议"。最终皇帝用廷杖打死官员16人,处罚和流放官员上百人,这里就包括把他扶上皇位的内阁首辅杨廷和的儿子杨慎。无论双方谁的观点对,但最终是嘉靖不讲理,因为他从辩论变成打人,通俗点说就是耍流氓。事后嘉靖皇帝也知道天下的文人不服自己,所以两年多以后,专门写了一篇劝诫文章《敬一箴》,要求天下士子学人都要严于律己,遵循儒学,维护三纲五常伦理道德。还搞了一套"视、听、言、动、心"的箴言,以统一格式颁行天下,刻碑石立在全国各地的学宫里，西安碑林当然少不了也放一块。只不过今天《敬一箴》石碑全中国也没剩多少，知道内容的人比大熊猫还少。倒是被流放的杨慎写了首词，老百姓都会背诵第一句——滚滚长江东逝水。

官员里的科学家 ◆《黄河图说》

在大礼议中胜利的嘉靖皇帝初期还是勤政的，他限制了宫中宦官的权力，撤废了各地的镇守太监，重新录用了正德年间因为直言进谏而获罪不用的大臣。这批人中就包括后来在水利和军事方面颇有建树的刘天和。这个正德年间的进士在出任陕西按察使时得罪了明武宗身边的太监，被贬到金坛县（今天的金坛市）做一个小县丞。嘉靖朝他被逐步提拔，直到巡抚。他有封建社会的官员少有的优点——喜欢用科学技术解决问题。当时黄河经常决堤，嘉靖皇帝派他去治理黄河，他发明了乘沙量器用来定量分析泥沙淤积，通过数据分析，综合采取了固堤、疏浚的手段，还推广了"种柳固堤"等技术，短时间就消除了水患。完成工作后，还编写了工程报告《问水集》，绘制了工程图《黄河图说》。这些放到今天都算是一套标准的水利工程设计、施工、竣工的流程。尤其是《黄河图说》表现了黄河流经陕西、河南、山东、安徽一带的地理情况，配合了《古今治河要略》《国朝黄河凡五入运》《治河臆见》三段文字，图文并茂地反映了黄河治理的历史、明代黄河五次改入运河以及他本人的治河意见。图上用双线扩大绘出黄河及重要支流，防洪大堤用粗线表示，还注明了决口的地方，沿途的山川地理以写景的形式描绘，郡县和州府在相应位置标注。嘉靖十四年（公元 1535 年）黄河治河竣工后他改任到陕西，就把《黄河图说》刻成石碑放在碑林。这块石碑对研究明代黄河水利具有极高的价值，是中国地图史上杰出的黄河治理专题图。应该说嘉靖看人的眼光很准，刘天和之后的政绩更证明了他出色的工程能力。嘉靖十五年（公元 1536 年），刘天和总制三边军务，主要对付鞑靼的蒙古骑兵。这一次，他

○ 西安碑林《黄河图说》碑拓片

又选择了正确的作战方式——用科技碾压蛮族的骑兵，而且这个科技产品的技术路线还很超前——"战车部队"。明代的部队军事装备科技含量还是很高的，野战的火炮已经是标准配置。只不过当时需要二十人才能推动，刘天和把这些炮车小型化，改造成只需五个人就可以操控的战车（一人挽之，推且翼者各二人），这大大地提高了部队的快速部署能力。他还设计了配套的装甲车（上置炮枪斧戟，厢前树狻猊牌，左右虎盾），注重自我防护，使用远程打击（战则护骑士其中，敌远则施火器，稍近发弓弩），提出了"敌进我退、敌走我扰"的战术（近乃出短兵，敌走则骑兵追），并且注重车辆间的相互配合（连二车可蔽三四十人）。最超前的是，战车上还随车配备了小型帐篷等露营用品，大大提高了野战能力。这样的装甲部队配置对抗以骑马射箭为主的鞑靼骑兵自然是有碾压性的优势，如果不是明朝中后期的兵员素质下降，很可能他之后指挥的几次战役就不是大捷而是屠杀了。

勤政的签名 ◆《感时伤悲记》《行军诗》

嘉靖是明朝皇帝中少有的聪明人，可是他也开启了明朝皇帝的懒政记录，后期20多年不上朝。嘉靖晚上还看看奏章，之后的万历皇帝更是30多年不上朝，连奏章也不看。经过这两个人的折腾，后续再有短命的朱常洛和木匠朱由校，大明朝交到崇祯皇帝手里已经是风雨飘摇了。如果论勤政和自律，崇祯皇帝朱由检绝对能排到明朝皇帝前三位，他从登基到自杀，每天只干一件事——"办公"。历史上很多人都在质疑他的能力，其实比起能力，崇祯的失败主要是他碰上了少有的小冰河期，恶劣的自然条件使得连续多年地里都长不出粮食。西安碑林里有一块崇祯十六年（公元1643年）刻立的石碑《感时伤悲记》，刻碑写碑的人都没名气，字也是一般的宋体，放在碑林里很一般，不过朴实且详尽的碑文却显示了那时候老百姓的日子有多苦。碑中记载了崇祯十三年至十四年（公元1640—1641年），陕西华州（今天的陕西省渭南市）发生大饥荒，物价奇涨的状况。从崇祯初年起，陕西的自然灾害就十分严重，崇祯六年（公元1633年）后，年年旱灾和蝗虫交替。到了崇祯十三年至十四年，旱情严重到连很多湖泊都彻底干涸，灾民将能看到的草和树皮都吃光了。当时的知州和富户都开仓赈灾，但是这些努力并未能扭转饥荒的蔓延和物价飞涨。到了崇祯十五年（公元1642年），仅仅是华州就有一万多灾民没有饭吃。崇祯十六年（公元1643年），华州的老百姓程进昌等十几人，为了让后人知道有过这样一场大灾难，共同凑钱立了这块《感时伤悲记》。除了记录这次大饥荒的惨状，还列举了高昂的物价，例如："稻米粟米每斗二两二钱，小麦一斗二两一钱。"这时货币是白银，一两白银有十钱，一钱有十分。粮食十升为一斗，十斗为一石。《明史》记载，明代初期二石大米一两白银，相当于二十斗大米才一两银子，相当于从朱元璋到崇祯，粮价涨了四十多倍。所以碑文中说："出此大劫，回思苦状，可伤可畏，日夜难忘。"其实从崇祯初年粮食就缺，这位皇帝想了各种办法，包括裁减公务员。事实证明，简单地把这些人推向社会，反而会增加不安定因素。《感时伤悲记》刻立不过

○ 西安碑林《感时伤悲记》碑石拓片　　　　○ 崇祯《行军诗》碑（上方是崇祯的花押）

○ 崇祯的花押是由"朱由检"三个字叠加而成

半年，被崇祯开除的一名驿卒就带着农民起义军占领了化州。崇祯当时还没想到，再过一年，这个叫李自成的人能逼得他上吊。因为，就在四年前，他的将军还把这个人打得天天躲在山里。崇祯十年（公元1637年）的时候，兵部尚书杨嗣昌提出了"四正六隅，十面张网"策略，通过限制农民军的流动性，达到各个击破的效果。这一举措非常有效，两年内张献忠投降，李自成被打得带着17个部下躲进商洛的山里。当时崇祯特地为此作诗："盐梅今暂作干城，上将威严细柳营。一扫寇氛从此靖，还期教养遂民生。"因为"流寇十年不结之局"貌似已经全面解决，崇祯皇帝不但亲自撰写了诗文，在崇祯十二年（公元1639年）九月刻立了石碑，还在石碑上留下了自己的签名（花押）。崇祯当皇帝不怎么样，艺术造诣却很高。他的花押实际上是一方玉石印，印文由"朱由检"三个字通过精心设计组合而成。图案的方圆并存，点线穿插，绝不比后世任何标识设计差。同时，崇祯这首诗的书法写得凝练厚重、气势磅礴，充分显示了他的书法造诣。据说后来顺治帝见到崇祯的书法时感慨说："朕字何足尚，崇祯帝字乃佳耳。"

西部清史
——皇帝给关中的御笔

○ 西安碑林第五展室

西安碑林第五展室陈列有宋、元、明、清各代的御石，以清代为主。其中《宁静致远》《水镜堂》两块刻石为康熙所书写。周围还有王铎、左宗棠等清代名人的书法御刻。

西巡的皇帝们 ◆ 七座碑亭

西安碑林较多地保留了康熙帝的御书碑刻，这和康熙帝爱好书法以及曾经西征和西巡有关。清朝康熙二十九年（公元1690年）到康熙三十五年（公元1696年）清军三次西征，陕西地方官对此有过较大的贡献，所以康熙帝赐予前后担任川陕总督的佛伦、吴赫以及陕西按察使何皭等官员不少书法作品。

○ 西安碑林戟门（至圣门）外清代最后修建的一个碑亭

西安碑林的七座清代御碑亭，均为八角攒尖的单檐八脊全木结构，采用黄琉璃瓦覆顶，朱红色纹格门窗，亭四周有雕刻的石栅栏，等级明显高于府学蓝琉璃瓦覆顶的大成殿等明清建筑。里面的御碑由北向南，东先西后，分别是：

1. 康熙四十一年（1702）《御制训饬士子文碑》，戟门（至圣门）内东第一碑亭；
2. 康熙四十三年（1704）《御制平定朔漠告成太学碑》，戟门（至圣门）内西第一碑亭；
3. 雍正三年（1725）《御制平定青海告成太学碑》，戟门（至圣门）内东第二碑亭；
4. 乾隆十四年（1749）《御制平定金川告成太学碑》，戟门（至圣门）内西第二碑亭；
5. 乾隆二十年（1755）《御制平定准噶尔告成太学碑》，戟门（至圣门）内东第三碑亭；
6. 乾隆二十四年（1759）《御制平定回都告成太学碑》，戟门（至圣门）内西第三碑亭；
7. 乾隆四十一年（1776）《御制平定大小金川告成太学碑》，戟门（至圣门）外东第一碑亭。

这些官员又将这些书法作品刻石，表示与皇帝的亲密关系，奉承皇帝的书法。康熙四十二年（公元 1703 年）康熙又带着皇太子允礽、三子允祉巡察西北，和陕西的地方官有不少书法互动。

今天从西安碑林的戟门（至圣门）到大成殿遗址的甬道两侧有六座碑亭，这些碑亭都建于清朝，起因是当年康熙、雍正、乾隆时期都曾平定过西北的分裂势力。每次胜利，皇帝会御笔亲书庆功碑立在碑林。因为是当朝皇帝的御碑，所以每个碑都加盖碑亭保护。甬道两侧的碑亭是对称的，而戟门（至圣门）外的前院还有一座单独的碑亭，原因是建到这里时，清王朝已经衰败了，再也没有可以竖碑建亭的功绩了。

除了碑亭和大成殿广场上的元明两代修庙石碑，西安碑林的石碑都是从《石台孝经》后自南向北延伸，清朝的碑刻基本上排在后面，因为空间有限，康熙的书法有不少镶在室外的墙上，室内最显眼的就是"宁静致远"和"水镜堂"两块刻石。"宁静致远"这四个字是康熙皇帝亲征噶尔丹时在宁夏行营赐给川陕总督吴赫的，是诫勉他领会"明德"与"致远"。"水镜堂"是康熙为"总督川陕兵部尚书"的佛伦题写的，以清水与明镜比喻佛伦是个明鉴之人。当时不但赐了字，还写了《赐佛伦诗》，佛伦就把诗也刻成了石碑放在碑林。宁静致远和水镜堂这两块刻石的字都写得很大，用笔丰润，气势饱满，所以也经常有拓片出售。

碑林里还保存有清康熙年间永寿县令卢化书写的《圣驾西巡恭赋》，碑文主要是记述康熙皇帝玄烨西巡时卢化随驾阅兵及赋诗拜谢的各种诗赋。

夺嫡的胜者 ◆《赐岳钟琪书》

康熙晚年九子夺嫡的事一直是清宫剧的主要题材之一，其中雍正（胤禛）安排隆科多改遗诏和利用年羹尧牵制十四阿哥是最戏剧化的部分。随着清宫档案的公开，大家已经知道遗诏没有被修改。而当年配合雍正牵制十四阿哥

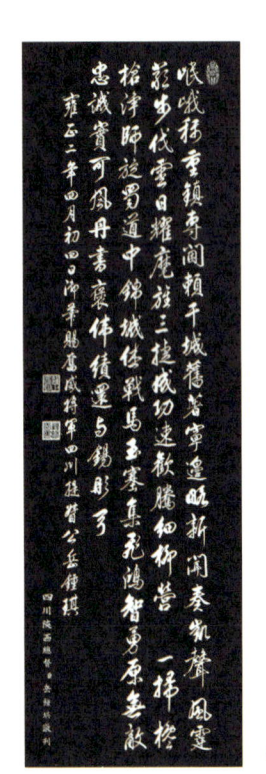

○ 雍正有名的"为君难"印章

○ 西安碑林《赐岳钟琪书》拓片

胤禵十万大军的也不是年羹尧一个人,还有当时的四川提督岳钟琪。岳钟琪是岳飞的第21世嫡孙、岳飞三子岳霖系后裔。雍正元年(公元1723年),青海蒙古族和硕特部落叛乱,雍正帝下旨,年羹尧和岳钟琪分别从甘陕和四川西征青海。雍正二年(公元1724年),岳钟琪成功围歼了叛军主力。雍正于是封岳钟琪为太子太保兼甘肃提督,还题写五言诗二首、七言诗一首。一年后,年羹尧被赐死天牢,岳钟琪总督川陕,就把雍正赐给他的两首五言诗刻立在碑林。碑首有雍正有名的"为君难"的印章,碑尾还有"雍正宸翰""亲贤爱民"的篆章。"为君难"是雍正经常感叹的,当年在紫禁城养心殿的西暖阁北墙上,雍正专门挂着自己写的"为君难"的牌匾,两边还配了他写的对联"唯以一人治天下,岂为天下奉一人"。其实他当皇帝难,岳钟琪给他当臣子更难。雍正五年(公元1727年)有疯子在街上喊他要造反,他赶忙上疏申辩。雍正六年（公元1728年）有人劝他以岳飞后代的身份光复汉人朝廷，吓得他亲自审问，亲自汇报。就这样，打了无数胜仗的他在雍正十年（公元1732年）打了败仗，立刻就被抓起来关了两年，还判了一个"斩监候"。这还是雍正觉得岳钟琪帮助自己夺权有功，因为本来议定的处罚是"斩决"。

十全老人 ◆《喜雨诗并记》

关中有70多座帝王陵，大部分都有清代乾隆年间的陕西巡抚毕沅所立的石碑。虽然有一些陵墓后来证明是他搞错了，但是他的举动有效地保护了历史遗迹，为陕西做了贡献。同时，他主政陕西期间还做出了不少其他的政绩，比如修复了关中学院，整理了《关中金石记》和《关中胜迹图志》等。乾隆

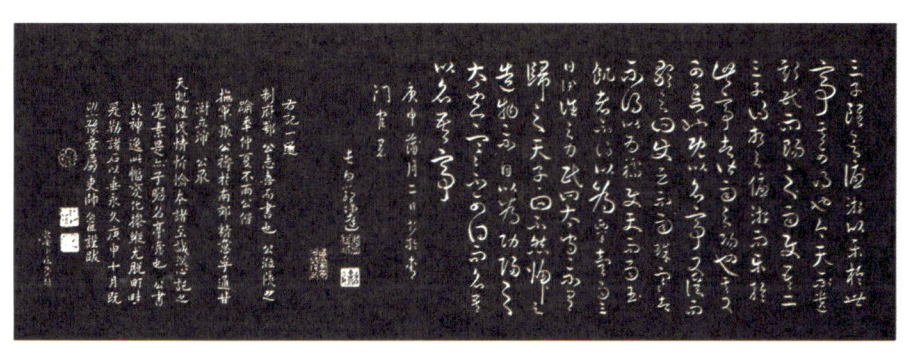

○ 西安碑林《喜雨诗并记》拓片

三十九年（公元1774年）关中大旱，五个月不下雨，毕沅率领陕西巡抚衙门的僚属徒步走到西郊，祭祀后派人前往太白山龙湫取水祈雨。这在今天看是迷信，但在当时是地方官员抗旱的主要手段。结果真的就迎来了三天大雨，喜出望外的毕沅赶紧将这事奏报给乾隆皇帝，乾隆于是就写了一首七言律诗赐给毕沅。毕沅不但恭和了御诗，还立即刻了石碑并跋文盛赞皇恩圣德。据《御制诗集》统计，乾隆皇帝一生至少作诗42000多首。除掉小时候，他每天最少要写两首。要达到这效率，思考的时间估计不会太多，所以这首《喜雨诗》的文采也一般，倒是前后的印章刻得各具特色。自宋朝开始大部分皇帝都对印章感兴趣，用印成为一种高雅的享受，例如宋徽宗的宣和七玺。乾隆自称十全老人，在印章上自然也要比别人多，而且是非常多。因为清代皇帝都有印谱，所以能够统计的乾隆印玺竟有1000余方之多。

文中提及的碑林金石纲目

第一章 一城文化半城神仙——碑林与长安

《长安图》残石，宋元丰三年（公元1080年），吕大防　绘

《吕大忠墓志》，宋元符三年（公元1100年）

《京兆府学赡学舍地清册（京兆府提学所帖)》，金明昌五年（公元1194年）

《玄圣文宣王赞》，宋大中祥符元年（公元1008年），宋真宗　制文

《赡学田记》，元至元六年（公元1340年），贾仁　撰，雷孜　书

《府学公据》，元至元十三年（十二月十三日）（公元1276年），孟文昌　撰，骆天骧　书，王仁　刊刻

《赡学田颂》，明洪武十五年（公元1382年），王廉　撰并书，王从周、程彦出　立石

《魁星点斗图》，清同治年间（公元1862—1874年），马德昭　画

《花甲重周"寿"字》，清同治九年（公元1870年），马德昭　书

《一笔"虎"字》及《草书七言对联》，清同治年间（公元1862—1874年），马德昭　书

《草书七言联》、《如意》、《不可说》及榜书《"寿"字》，清同治年间（公元1862—1874年），马德昭　书

《孔子庙堂碑》，唐贞观四年（公元630年）初刻，宋王彦超　重刻，虞世南　撰书

《重修文宣王庙记》，宋建隆三年（公元962年），刘从乂　撰，马昭吉　书并篆额，安仁祚　刻字，王彦超　建

《永兴军新修文宣王庙大门记》碑，宋大中祥符二年（公元1009年），孙仅 撰，冉宗闵 书，张格 篆额

《京兆府府学新移石经记》碑，宋元祐五年（公元1090年），黎持 撰，安宜之 书

《京兆府重修府学记》碑，金正隆二年（公元1157年），李栗 撰，潘师雄 书

《重修碑院七贤堂记》碑，金正隆四年（公元1159年），曹谊 撰，郭孝忠 书

《重修府学教养碑》，金正大二年（公元1225年），刘渭 撰，杨焕 书，张邦彦 篆额

《重立文庙诸碑记》碑，元至元十四年（公元1277年），孟文昌 撰，骆天骧 书

《粤惟泮宫》碑，元至正二十四年（公元1364年），李祺 撰，马懿 书

《重修文皇圣庙记》，元至正二十六年（公元1366年），董立 撰，张冲 书丹，王武 篆额

《重修西安府儒学文庙记》碑，明成化十一年（公元1475年），商辂 撰，项忠 书，马文升 题额

《重修孔庙石经记》碑，明万历十七年（公元1589年），王鹤 撰

《别驾韩公考正位次之碑》，清康熙二十三年（公元1684年），张恂 撰，晋文煜 集欧阳询字并篆刻，张尔钰 摹勒，卜世 刻

《石刻拔萃》碑，清乾隆十六年（公元1751年），柳大任 撰，柳云培 书，邱仰文 跋，侯钧 篆额，卜兆梦 刻

《京兆府小学规》，宋至和元年（公元1054年），裴衿 书，樊仲 刻

《永兴军中书札子》碑，宋景祐二年（公元1035年），范雍 撰、陈谕 立石，安亮 刻

《谕陕西官师诸生檄》，明嘉靖四十一年（公元1562年），孙应鳌 撰，宗孝 书

《正己格物说》碑，明万历十六年（公元1588年），钟化民 撰书

吴荣光书张载《东铭》《西铭》，清嘉庆二十五年（公元1820年），张载 撰，吴荣光 书，仇文发 镌

榜书《天地正气》，清光绪十一年（公元1885年），左宗棠　书，贺瑞麟　跋，赵吉安　刻

《碑林》牌匾，清道光二十二年（公元1842年），林则徐　书

《游华山诗》，清道光二十二年（公元1842年），林则徐　书，刘安笃　刻

《吕道人书一笔"寿"字》，清道光二十四年（公元1844年），（传）吕道人　书，李星沅　重摹上石

《关中八景》，清康熙十九年（公元1680年），朱集义　绘图并题诗，冯绣　篆额

《华山诗》，明嘉靖四十一年（公元1562年），孙应鳌　书

《太华全图》，清康熙三十九年（公元1700年），贾鉝　绘图并题识，李士龙、卜世　镌刻

《太白全图》，清康熙三十九年（公元1700年），贾鉝　绘图并题识，李士龙、卜世　镌刻

《华山记》，清乾隆二十四年（公元1759年），易大鹤　撰，郑炳虎　书

《太白山行纪》，清嘉庆二十一年（公元1816年），胡枝蕙　撰书

第二章　天地玄黄——文智初开的故事

《开成石经·春秋左氏传》部分，唐开成二年（公元837年），艾居晦、陈玠等　书

《颜氏家庙碑》，唐建中元年（公元780年）颜真卿　撰书，李阳冰　篆额

《三体阴符经》，宋乾德四年（公元966年），郭忠恕　书

《盘鼓舞图》画像石，东汉，1956年征集于绥德县

《开成石经·礼记·月令》部分，唐开成二年（公元837年）

《程邈书帖》，关中本淳化阁帖，清顺治三年（公元1646年）刻，费甲铸　摹勒上石，卜栋、卜相、张翔、张文、赵璧、杨复林等　刻字，宁献功等　立石

《仓颉庙碑》，东汉桓帝延熹五年（公元162年）

《仓颉书帖》，关中本淳化阁帖，清顺治三年（公元1646年）刻，费甲铸　摹勒上石，卜栋、卜相、张翔、张文、赵璧、杨复林等　刻字，宁献功等　立石

《仓圣鸟迹书》，清乾隆十九年（公元1754年），梁善长　摹写

《大禹书帖》，关中本淳化阁帖，清顺治三年（公元1646年）刻，费甲铸　摹勒上石，卜栋、卜相、张翔、张文、赵璧、杨复林等　刻字，宁献功等　立石

《岣嵝碑》，清康熙五年（公元1666年），杨慎、沈镒、杨廷相　注释，毛会建　跋

《史籀书帖》，关中本淳化阁帖，清顺治三年（公元1646年）刻，费甲铸　摹勒上石，卜栋、卜相、张翔、张文、赵璧、杨复林等　刻字，宁献功等　立石

《十八体惠林诗》，宋乾德五年（公元967年），梦英　书并题释，袁允中书赠诗，安文璨　刻

《开成石经·尚书》部分，唐开成二年（公元837年），艾居晦、陈玠等　书

《开成石经·诗经（毛诗）》部分，唐开成二年（公元837年），艾居晦、陈玠等　书

《墓主拜见西王母图》画像石，东汉

《墓主升仙图》画像石，东汉

《孔子见老子》画像石，东汉

《仲尼书帖》，关中本淳化阁帖，清顺治三年（公元1646年）刻，费甲铸　摹勒上石，卜栋、卜相、张翔、张文、赵璧、杨复林等　刻字，宁献功等　立石

《老君像》石雕，唐开元天宝年间

《孔子像》刻石，清雍正十二年（公元1734年）

《御史台精舍碑》，唐开元十一年（公元723年），崔湜　撰，梁昇卿　书，赵礼　刻

《禹迹图》，齐阜昌七年（公元1136年）刻

《峄山刻石》，秦始皇二十八年（公元前219年）立，李斯　书，宋淳化四年（公元993年）郑文宝　摹刻

《田畴帖》，关中本淳化阁帖，清顺治三年（公元1646年）刻，费甲铸　摹勒上石，卜栋、卜相、张翔、张文、赵璧、杨复林等刻字，宁献功等　立石

《篆书目录偏旁字源碑》，宋咸平二年（公元999年），梦英　书偏旁字源并题额、自序，郭忠恕　书释字、答书及衔名

《迁先茔记碑》，唐大历二年（公元767年），李阳冰　书

《三坟记碑》，唐大历二年（公元767年），李阳冰　书

《禅师偈》，宋大中祥符三年（公元1010年），沙门净己　书，僧省中　篆额，安文晟　刊字

第三章　滚滚长江东逝水——两汉到隋的天下分合

西汉石雕，西汉

东汉双兽（辟邪、天禄），东汉

《东汉章帝书帖》，关中本淳化阁帖，清顺治三年（公元1646年）刻，费甲铸摹勒上石，卜栋、卜相、张翔、张文、赵璧、杨复林等　刻字，宁献功等立石

《熹平石经》残石，东汉熹平四年（公元175年）至东汉光和六年（公元183年），蔡邕　书

《张芝书帖》，关中本淳化阁帖，清顺治三年（公元1646年）刻，费甲铸　摹勒上石，卜栋、卜相、张翔、张文、赵璧、杨复林等　刻字，宁献功等　立石

《关夫子图》，清康熙四十三年（公元1704年）

《司马芳残碑》，西晋初刻，北魏司马准　重刻

《曹全碑》，东汉灵帝中平二年（公元185年）立

《钟繇书帖（宣示表）》，关中本淳化阁帖，清顺治三年（公元1646年）刻，费甲铸　摹勒上石，卜栋、卜相、张翔、张文、赵璧、杨复林等　刻字，宁献功等　立石

《洛神赋》，清同治十二年（公元1873年），曹植　撰，郭建本　书，刘恒堂刻石

《邓太尉祠碑》，前秦苻坚建元二年（公元366年），郑能进　立

西魏文帝永陵立兽，西魏大统十七年（公元551年）

《王羲之书帖》（《秋月贴》），关中本淳化阁帖，清顺治三年（公元1646年）刻，费甲铸　摹勒上石，卜栋、卜相、张翔、张文、赵璧、杨复林等　刻字，宁献功等　立石

《卫夫人书帖》（《近奉帖》），关中本淳化阁帖，清顺治三年（公元1646年）刻，费甲铸　摹勒上石，卜栋、卜相、张翔、张文、赵璧、杨复林等　刻字，宁献功等　立石

《广武将军碑》，前秦

《吕他墓表》，后秦弘始四年（公元 402 年）

《王普贤墓志》，北魏延昌二年（公元 513 年）

大夏石马，大夏真兴六年（公元 424 年）

《鸳鸯七志》，北魏

《晖福寺碑》，北魏太和十二年（公元 488 年），王庆时（王遇）　立

《达摩东渡图》，清康熙二十八年（公元 1689 年），风颠和尚　绘

《达摩面壁图》，清康熙二十八年（公元 1689 年），风颠和尚　绘并题偈

隋代李静训石棺，隋大业四年（公元 608 年）

《孟显达碑》，隋文帝开皇二十年（公元 600 年）

《智永真草千字文碑》，宋大观三年（公元 1109 年）集智永墨迹

第四章　盛世国粹——锦绣大唐

献陵石犀牛，唐贞观九年（公元 635 年）

献陵石老虎，唐贞观九年（公元 635 年）

昭陵六骏，唐贞观十年（公元 636 年），阎立本　绘，阎立德　刻

《李寿墓志》，唐贞观四年（公元 630 年）

李寿墓石椁，唐贞观四年（公元 630 年）

端陵鸵鸟，唐会昌六年（公元 846 年）

蟠螭碑首，唐代

《同州三藏圣教序》，唐龙朔三年（公元 663 年），李世民、李治　撰，褚遂良　书

唐怀仁集王羲之书《大唐三藏圣教序》，唐咸亨三年（公元 672 年），李世民、李治　撰，怀仁　集字，诸葛神力　勒石，朱静藏　刻

《兴福寺残碑》，唐开元九年（公元 721 年），兴福寺大雅集王羲之行书

《多宝塔感应碑》，唐天宝十一载（公元 752 年），岑勋　撰，颜真卿　书，徐浩题额，史华　刻

《玄秘塔碑》，唐会昌元年（公元 841 年），裴休　撰，柳公权　书并篆额，

邵建和、邵建初　刻

《不空和尚碑》，唐德宗建中二年（公元781年），严郢　撰，徐浩　书

《梵汉合文陀罗尼真言经幢》，唐开元年间，不空　译文，沙门海宽　尼泊尔文

《隆阐法师碑》，唐天宝二年（公元743年）

《香积寺大德净业法师塔铭》，唐延和元年（公元712年），毕彦雄　撰

《大智禅师碑》，唐开元二十四年（公元736年），严挺之　撰，史惟则　书，义福　立

《慧坚禅师碑》，唐元和元年（公元806年），徐岱　撰，孙藏器　仿王羲之书，强琼　镌刻

《皇甫诞碑》，唐贞观年间（公元627—649年）于志宁　撰，欧阳询　书

《石台孝经》，唐天宝四载（公元745年），李隆基　书

《争座位稿》，唐广德二年（公元764年），颜真卿　书，宋安师文模勒刻石

《大秦景教流行中国碑》，唐建中二年（公元781年），景净　撰，吕秀岩书刻，伊斯　出资立

《断千字文》，唐乾元二年（公元759年），张旭　书，宋元丰三年（公元1080年）吕大防重模上石

《肚痛帖》，宋嘉祐三年（公元1058年）摹刻上石，张旭　书

景云钟，唐景云二年（公元711年）

唐断臂菩萨像，唐，1934年西安市唐大明宫遗址出土

《开成石经》，唐开成二年（公元837年），艾居晦、陈玠等　书

《回元观钟楼铭》，唐开成元年（公元836年），令狐楚　撰，柳公权　书，邵建和、邵建初　刻

第五章　尽数风流——宋时瘦金述明清

《新译三藏圣教序》，宋端拱元年（公元988年），赵炅（赵光义）撰，释云胜　书并篆额，李邈　题衔，柴禹锡等　立石

《劝慎刑文并序》，宋天圣六年（公元1028年），晁迥　述

《大观圣作之碑》，宋大观二年（公元1108年），赵佶　撰书，李时雍　摹写上石，蔡京　篆额

《赵子昂游天冠山诗》，清康熙二十一年（公元1682年），赵孟頫　撰书，文徵明、邓霖　跋，卜世　刻

《黄庭坚书七律诗》，清咸丰三年（公元1853年）摹刻，（传）黄庭坚　书

《米芾四条屏》，清代摹刻，米芾　书

《黄河图说》，明嘉靖十四年（公元1535年），刘天和　撰书

《新开通济渠记》，明成化元年（公元1465年），项忠　撰，李俊　题额，张銮（碑阳）、李璨（背阴）书，秦旺　刻

《敬一箴》，明嘉靖五年—六年（公元1526—1527年），朱厚熜　撰

《行军诗》，明崇祯十二年（公元1639年），朱由检　撰书

《感时伤悲记》，明崇祯十六年（公元1643年），韩希学　刻，程进昌、刘胤星、刘汉祖等　立

《瑞莲诗图》，明弘治七年（公元1494年），朱诚淋　书，周凤仪、周凤翔　刻，卜氏　刻

《御制训饬士子文碑》，清康熙四十一年（公元1702年）

《御制平定朔漠告成太学碑》，清康熙四十三年（公元1704年）

《御制平定青海告成太学碑》，清雍正三年（公元1725年）

《御制平定金川告成太学碑》，清乾隆十四年（公元1749年）

《御制平定准噶尔告成太学碑》，清乾隆二十年（公元1755年）

《御制平定回部告成太学碑》，清乾隆二十四年（公元1759年）

《御制平定大小金川告成太学碑》，清乾隆四十一年（公元1776年）

榜书《宁静致远》，清康熙三十六年（公元1697年），玄烨　书

榜书《水镜堂》，清康熙三十二年（公元1693年），玄烨　书

《赐佛伦诗》，清康熙三十二年（公元1693年），玄烨　撰书

《圣驾西巡恭赋》，清康熙年间（公元1662—1722年），卢化　撰书

《赐岳钟琪书》，清雍正二年（公元1724年），胤禛　撰书

《喜雨诗并记》，清乾隆三十九年（公元1774年），弘历　撰书，毕沅　跋

后记

本书在编写过程中得到了来自西安市社会科学院、西安碑林博物馆的大力支持，陕西历史博物馆、陕西考古博物馆、西北大学、陕西省图书馆、西安市图书馆等多家机构的学者为本书提供了学术咨询，在此对高东新、周萍、裴建平、张妍、杨兵、李健超、申秦燕、吴海云、席会东、赵其钢、陈利峰等专家致谢，也十分感谢邱晓宇、程菁怡、巩国鑫、杨春雨、尚涤世等摄影师为本书拍摄了大量专业的图片。

书中所涉及的碑刻与字帖，在历史上和各种文献中，有时会有不同的名称。篇幅所限，不能一一列举，尽量选取了最具代表性的说法。特别是碑刻的名称，书中在碑首或题额等首要处刻有"碑"字时，会在书名内的题目后加上"碑"字，以体现原碑的状况，其他情况在介绍碑林的石碑时，常省略"碑"字。关于书法爱好者们常议论的"稿"与"帖"，在强调内容时多用"稿"，在描写艺术时多用"帖"。其他还有许多与文化内涵息息相关的用语，本书尽量参考了《碑林集刊》等学术刊物上的用法。史海浩渺，仓促间书稿中未免会有误笔假字，期望看到本书的读者斧正。

邵振宇

2023年孟夏于古长安西市故址东隅